新形态一体化教材

酒店服务
质量管理
理论、实践与案例

HOSPITALITY SERVICE
QUALITY MANAGEMENT
Theories · Practices · Cases

数字资源总码

李 彬　孙 怡
辛 欢　秦玉范　编著

旅游教育出版社
·北京·

图书在版编目（CIP）数据

酒店服务质量管理：理论、实践与案例 / 李彬等编著. -- 北京：旅游教育出版社，2025.1. --（新形态一体化教材）. -- ISBN 978-7-5637-4749-8

Ⅰ．F719.3

中国国家版本馆 CIP 数据核字第 2024U9L779 号

新形态一体化教材

酒店服务质量管理：理论、实践与案例

李彬　孙怡　秦玉范　辛欢　编著

策　　划	赖春梅
责任编辑	赖春梅
出版单位	旅游教育出版社
地　　址	北京市朝阳区定福庄南里1号
邮　　编	100024
发行电话	（010）65778403　65728372　65767462（传真）
本社网址	www.tepcb.com
E - mail	tepfx@163.com
排版单位	北京鸿文瀚海有限公司
印刷单位	天津雅泽印刷有限公司
经销单位	新华书店
开　　本	710毫米×1000毫米　1/16
印　　张	12.25
字　　数	170千字
版　　次	2025年1月第1版
印　　次	2025年1月第1次印刷
定　　价	50.00元

（图书如有装订差错请与发行部联系）

前言

进入新时代,我国酒店业发展的外部环境发生了巨大变化,挑战与机会并存。党的二十大报告所指出的中国式现代化正在引领酒店业进入转型升级的高质量发展阶段。消费者对住宿高品质、多样化、个性化的需求催生了酒店业百花齐放的多业态格局形成,并从消费理念、消费能力、消费行为等多个方面深刻改变着酒店微观层面的服务与运营管理。与此同时,新兴科技则以前所未有的方式重塑酒店业的各个方面,尤其是对酒店业的服务流程进行了再造,对员工的工作流程进行了重塑,酒店业成为了新兴科技的重要应用消费场景。

酒店业能够迈向高质量发展的一个关键指标就是酒店提供的服务是不是高质量的,特别是面对消费者需求和新兴科技的快速变化,对服务概念的理解、服务质量的管控、服务标准的修订等,都出现了一些新趋势、新模式和新做法。

本书围绕酒店的服务质量这一主线,对酒店服务质量管理的基本理论、前沿研究成果、最新企业实践和典型案例等内容进行系统阐发。全书共包括八章内容,其中,第一章介绍服务、质量管理和服务质量管理等基本概念,并对国内外质量管理大师的基本观点和思想加以概述。第二章重点介绍酒店服务质量的基本概念、管理内容、管理体系,讲解我国酒店业服务质量的发展趋势,使读者对酒店服务质量管理的基础理论有清晰的认识。第三章介绍酒店服务质量持续改进的理论基础、改进过程与改进方法,并着重讲述服务补救在酒店服务工作中的应用。第四章从组织管理视角,分析酒店服务质量的组织保障工作,包括服务流程管理、人力资源管理、服务质量文化建设、应急服务管理等方面,使读者了解酒店服务质量管理本质上是组织管理工作,需要酒店这一组织在流程、人员、文化等方面开展支撑性和辅助性的保障工作。第五章重点阐述新兴的数字化科技手段在酒店服务质量管理工作中的重要应用,围绕酒店设备设施智能化、数字化客户关系管理、新媒体营销、大数据分析等方面展开讨论。第六章介绍酒店服务质量管理工作中较为常用的方法和经典工具。第七章介绍我国酒店业发展过程中几个较为典型的服务标准,特别是绿色饭店、乡村住宿业等新兴非标准住宿业态的服务和运营标准。第八章则是精心挑选作者及团队在教学科研工作中积累的一些酒店服务质量的典型案例,供读者了解酒店常见的服务质量事例，并思考应用前述章节知识解决实践问题。

本书的主要特色是：第一，在系统讲解经典服务质量管理知识体系的基础上，又介绍了服务质量管理的前沿理论，如新媒体营销、精益管理、应急管理等，具有较强的时效性和前沿性。第二，本书的一大亮点在于案例的丰富性、前沿性和典型性。特别是围绕当下酒店业最新案例实践，诸如华住集团酒店服务补救、逸扉酒店打造智能化客房新体验、华客科技打造一站式数字化客户体验管理、抖音营销助力亚朵服务质量提升、亚朵与会员体系建设、金茂的数字化实现本土化精益管理等最新企业案例。此外，每章配有知识拓展和案例，它们是对理论的解释和补充。读者可以运用每章述及的理论来解释案例中酒店服务质量管理实践，从而提高理论联系实践的能力。第三，在形式上，本书每章都绘制出思维导图，力求更加直观、形象地总结和归纳各章的关键内容。第四，本书中的部分理论介绍、案例总结来自作者所在研究团队的前沿研究成果，体现出一定的创新性。

本书是集体工作的结晶，由北京第二外国语学院李彬、唐山师范学院孙怡、成都银杏酒店管理学院辛欢、沧州交通学院秦玉范共同完成。其中，李彬、孙怡负责设计篇章架构、提出各章的构想与主要内容撰写，辛欢、秦玉范负责部分章节、案例等内容的撰写。此外，还有一些同学参与了编写工作，具体分工是：古晚晴、魏利敏参与了第一章、第二章写作，李雪、王云静参与了第三章至第六章写作。第八章的大部分案例由北京第二外国语学院研究生和本科生负责前期撰写，他们/她们是李雪、吴玉华、沈铮杰、刘承伟、黄鑫、张晓楠、曹瑗珂、陈心怡、冯淑娴、姜曦、经泽文、王宇琦、袁子仪等。李彬、孙怡、辛欢、秦玉范对初稿做了审阅，并针对其中的问题与相关人员进行讨论，提出修改意见，最后再全面地审读了书稿。在此对以上团队成员的辛苦付出一并表示感谢。

本书在策划、编写和修改过程中，得到了旅游教育出版社领导和赖春梅编辑的大力支持和帮助，在此表示衷心感谢。

由于作者水平有限，书中难免有疏漏和不当之处，衷心地希望各界朋友与读者批评指正。

编者团队

目录

第一章 服务质量管理概述 / 001

　　第一节　服务概述 / 001
　　第二节　质量管理概述 / 008
　　第三节　国内外现代质量管理大师简介 / 011
　　第四节　服务质量管理概述 / 019

第二章 酒店服务质量概述 / 027

　　第一节　酒店服务质量管理概述 / 027
　　第二节　酒店服务质量管理内容 / 038
　　第三节　酒店服务质量管理体系 / 041
　　第四节　我国酒店业服务质量的发展历史与趋势 / 044

第三章 酒店服务质量持续改进 / 057

　　第一节　服务质量持续改进的理论基础 / 057
　　第二节　服务质量持续改进的工具 / 061
　　第三节　服务补救 / 063

第四章 酒店服务质量的组织保障 / 071

第一节　服务流程管理 / 071
第二节　人力资源管理 / 074
第三节　服务质量文化建设 / 084
第四节　酒店应急服务管理 / 091

第五章 酒店数智化与服务质量管理 / 095

第一节　酒店设备设施智能化 / 096
第二节　酒店客户关系管理信息化 / 099
第三节　酒店新媒体营销与服务质量管理 / 101
第四节　酒店大数据与服务质量管理 / 104

第六章 酒店服务质量管理常用工具 / 109

第一节　全面质量管理 / 109
第二节　顾客满意度与顾客关系管理 / 116
第三节　精益服务管理 / 123
第四节　六西格玛质量管理 / 130

第七章 酒店服务质量评价标准 / 135

第一节　星级饭店评定质量标准 / 136
第二节　绿色饭店等级评定标准 / 139
第三节　特色业态标准 / 144

第八章 酒店服务质量管理案例 / 151

第一节　亚朵：一个生活体验平台 / 151
第二节　滨湖酒店的服务管理问题 / 156
第三节　一封投诉信和回复信 / 160
第四节　晚餐的风波 / 164
第五节　餐厅能否经受一系列考验 / 167
第六节　丢失的项链和戒指 / 171
第七节　我究竟错在哪里 / 174
第八节　一个餐厅，两个经理 / 178
第九节　如何让 AB 酒店员工工作流程落地 / 181

参考文献 / 187

第一章　服务质量管理概述

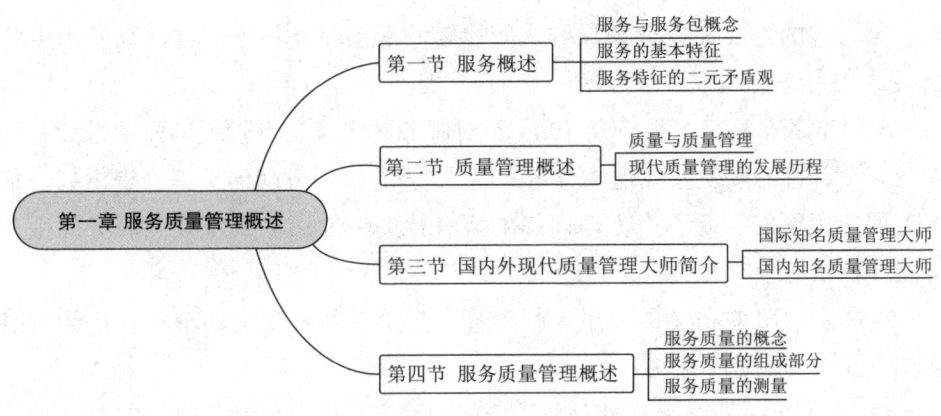

第一节　服务概述

一、服务与服务包概念

（一）服务概念

我们的生活离不开服务。服务的概念最初源于经济学领域，各专家学者从不同的角度和领域对服务给出了不同的定义。[①]

● 美国营销协会（AMA）在1960年曾将服务定义为：服务为销售商品

---

① 郑向敏. 饭店质量管理[M]. 北京：旅游教育出版社，2006.

或在商品销售中所提供的活动、利益和满足。

● 里根（Regan）在 1963 年提出：服务是直接提供满足或者有形商品或与其他服务一起提供满足的不可感知活动。

● 斯坦顿（Stanton）在 1974 年将服务理解为：为消费者或工业用户提供满足感，可被独立识别的不可感知活动。

● 莱赫蒂宁（Lehtinen）在 1983 年给出的服务定义为：与某个中介人或机器设备相互作用并为消费者提供满足的一种或者一系列活动。

● 在 ISO 8402：1994《质量管理和质量保证术语》中，这样定义服务：为满足顾客的需要，供方和顾客之间接触的活动以及供方内部活动所产生的结果。

美国学者菲利普·科特勒 1983 年对服务的定义具有较强的权威性，并且被众多学者普遍接受。他把服务定义为："服务是一方能向另一方提供的，基本上属于无形的，并不产生任何影响所有权的一种活动或好处。服务的生产可能和物质的生产有关，也可能不相关。"

本书采用蔺雷和吴贵生在《服务管理》中对服务定义的解释，认为可以从如下几个方面定义服务：[①]

● 服务是一种行为和过程及其造成的结果，而非实物形态，它是一种运动形态的使用价值。

● 服务的生产和消费是同时或几乎同时进行。

● 服务在交易中的所有权不发生改变，只有使用权会发生改变。

● 服务概念涵盖的范围很广，服务本身包含异质性，不同服务行业的概念界定各有侧重。

而在服务企业中，一些著名的服务企业、酒店企业等也对服务概念、服务本质给出了更多解释。例如，被称为美国现代饭店之父的斯塔特勒认为："我们的生活就是服务——为身边的人提供一点点更多更好的帮助。"日本最著名的温泉酒店、连续 30 年获得专家票选饭店及旅馆第一名的加贺屋温泉酒店将服务定义为："接受专业训练的员工领取薪水，为客人作出正确有益、引发客人感激和满足感之事。"更进一步，该酒店认为服务本质是，"正确性和热诚款待"，前者是理所当然该做的事就要做，后者是要从客人的

---

① 蔺雷，吴贵生. 服务管理[M]. 北京：清华大学出版社，2008.

立场出发。

(二) 服务包概念

服务包（Service Package），是指组织向顾客提供的以服务为主导的一系列产品要素和服务要素的组合。服务包具有组合性和整体性。服务包概念包括如下几个维度：

1. **支持性设施**

支持性设施，是指在服务前必须到位的物质资源，也称服务设施。支持性设施主要包括建筑空间、物理环境和基本设备等，如酒店大堂、床、空调、卫浴设施等。

2. **辅助物品**

辅助物品，是指顾客购买和消费的物质产品，或顾客自备的物品。如酒店的"六小件"、酒店小冰箱里的食品等。

3. **显性服务**

显性服务，是指可用感官察觉的、为顾客提供的基本或具有本质特性的服务利益。它是服务包的核心要素。例如，送餐服务、餐饮服务、礼宾服务、登记入住服务等。

4. **隐性服务**

隐性服务，是指顾客在消费显性服务的过程中，能体验到的、模糊的精神感受，它是服务的非本质特性。例如，轻松愉快的就餐氛围、服务员友好的服务态度等。

由上述要素可以看出，服务包是一个在支持性设施内，使用辅助物品实现的显性和隐性利益所构成的"包"。其中，显性服务是顾客真正购买的内容，其余三者起辅助作用。

当然，需要注意的是，伴随着当前服务经济的深入发展，消费者对服务需求的快速变化，显性服务与隐性服务、支持性设施与辅助物品之间的界限已经没有那么清晰明确，需要结合具体的服务产品类型和消费者的具体需求来分析。

服务包概念是服务产品设计与开发、服务质量管理中的重要概念，是酒店、旅游、餐饮等传统消费企业在服务产品设计方面的重要概念。例如，当前移动互联网技术在酒店业应用广泛，对酒店业各方面的影响巨大，那么作为 O2O（线上与线下）模式下的酒店服务与产品如何设计呢？这里就可以首先从服务包概念入手，分析线上服务需要有哪些支持设施和辅助设施（如是否开发 APP 和微信公众号），有哪些显性和隐性服务（如何关注用户的线上体验）。传统酒店业对线上服务部分还处在探索阶段，如何从服务包的整体视角来看待线上服务是一个新的课题。

二、服务的基本特征

我们可以通过对服务基本特征的论述来进一步加深我们对服务的理解。按照经典的服务管理理论，服务应包括如下基本特征。

（一）无形性（Intangibility）

无形性可以从两个不同的层次来理解。首先，服务产品与有形的消费品或工业品比较，服务的特质及组成服务的元素很多都是无形无质，让人不能触摸或凭肉眼看见其存在。同时，服务产品不仅其特质是无形无质的，甚至在使用服务后的利益也很难被察觉，或要等一段时间后，享用服务的人才能感觉到"利益"的存在。例如，汽车出现故障，车主将车子交由修理服务公司处理，但车主在取回车子时，对汽车维修服务的特点及经修理后的汽车部件是否全部恢复正常，都是难以察觉并作出判断的。

尽管如此，但服务包概念中也包含有形的成分，如餐饮服务中的食物、客房服务中的客房设施等。对于顾客来说，重要的是这些有形的载体所包含的服务和效用。另一方面，酒店所提供的服务也离不开有形的过程和程序，如餐饮服务离不开厨师加工菜肴，客房服务离不开登记入住、房务员的清洁等。服务的无形性使消费者难以直接确定所消费的服务的好坏，只能从服务消费过程中的感受来评价和判断服务的价值。

（二）不可分离性（Insepararability）或同一性

和制造业不同，服务的生产过程与消费过程则是完全同步的，只有当客人开始消费，服务产品才能提供出来。这种属性就决定了客人在购买决策之前不可能先行尝试或感知"样品"，这就给客人带来了更大的购买风险。所以客人购买服务产品时，只能借助于品牌、亲身经历或者他人的良好口碑评价等第三方媒介来进行决策。另外，生产和消费同步也决定了客人在消费过程中不是完全被动的，他不仅是消费者，而且还是"合作生产者"，这对在现场服务的人员有着重要的影响。

（三）不可储存性（Perishability）或易逝性

不可储存性是由于服务产品的无形性形态以及服务的生产与消费同时进行，使得服务产品不可能像有形的消费品和工业品一样被贮存起来，以备未来出售；而且消费者在大多数情况下，亦不能将服务携带回家安放。当然，提供服务的各种设备可能会提前准备好，但生产出来的服务如不当时消费掉，就会造成损失（如车船的空位等），不过，这种损失不像有形产品损失那样明显，它仅表现为机会的丧失和折旧的发生。

不可储存性这一特点，给服务型企业的经营带来了一定的困难，具体表现为服务接待能力与顾客需求能力的矛盾。企业的服务接待能力在一定时间内是稳定的，而顾客需求却是变动的，这种需求受到很多因素的影响，包括顾客主观因素，如自由可支配收入多少、闲暇时间、消费倾向等；同时也会受到外部环境对消费的影响，如政治、经济、社会文化、自然因素等，这些都会使顾客对企业服务的需求呈现较大的波动。要调节这样的矛盾，要求服务企业必须解决由缺乏库存所引致的产品供求不平衡问题，制定分销策略来选择分销渠道和分销商，以及设计生产过程和有效地弹性处理被动的服务需求等。

（四）缺乏所有权（Absence Ownership）

服务是一种经济契约或社会契约的承诺与实施的活动，而不是有形产品所有权的交易。在大多数服务的生产和消费中，不涉及任何东西所有权的转移。服务的无形性和不可储存性使服务在交易完成后就消失了，顾客并没有实质性地拥有服务。例如，游客在参观游览时，游客只能拥有导游服务的感受，而没有拥有任何实物的所有权。

三、服务特征的二元矛盾观

根据酒店中服务的属性和特征，当为客人提供服务时可能会发生如下几种矛盾关系。①

（一）客人的需求"多于"饭店为其提供服务的矛盾

服务存在异质性和无形性，顾客的需求又往往呈现多样化，加之酒店的服务要素众多，从硬件装修、设备设施到软性服务，住店客人的需求往往多于饭店对客人的服务。遇到这种情况，不能简单地说"没有""不行"，而是应通过最大的努力去满足客人，这样才能减少矛盾。这种矛盾将在第三章第一节的"服务质量差距模型"来进一步分析。

（二）规范化与个性化的矛盾

饭店的规章制度及管理模式会规定服务相关的标准和程序，但是各式各样的客人，他们常常会提出一些管理者们没有考虑到的或是员工没有遇到过的要求，这时候规章制度就失去了适用性。因此，规范化服务是基础，个性化服务是升华，加强员工素质培训，提高员工应变各种环境多样性的能力是很有必要的。

（三）快与慢的矛盾

这里的快与慢指的是服务节奏。优质的服务并不是一味地追求速度和效率，也不是越慢客人就越欢迎，服务人员需要根据当时的场景和客人的要求来决定。例如，在阔别多年的老朋友聚会上，客人沉浸在重逢的喜悦，想必会有许多经历需要交谈，这时候在征求客人意见后相对地放慢一些上菜的速度，就能取得较好的效果；如果上菜速度按照程序的话，客人甚至有可能会觉得你在催促他们。所以，正确掌握服务的快慢也是一个非常重要的因素。

（四）明与暗的矛盾

这里的明服务指的是通过热情的服务让客人直接感受到服务的亲切和关心，而暗服务就是不打扰客人却又让客人能感受到服务的无微不至和关怀。这取决于不同服务型企业所追求的服务精神和服务风格。一些企业喜欢渲染服务的氛围，把对客人的热情直接显现在客人的面前。例如，火遍京城的海

---

① 郑向敏. 饭店质量管理[M]. 北京：旅游教育出版社，2006.

底捞火锅，员工对热情服务的理念就理解得十分到位：服务员在席间会主动为客人更换热毛巾至少两次以上，会给长头发的女士提供橡皮筋和小发夹，给带手机的朋友提供塑料袋等。

（五）被动和主动的矛盾

我们经常能看见被动服务。客人招手服务员赶紧过去，客人提出要求时服务员才赶到。被动服务的现象其实是员工服务意识不强、技能不到位的表现。主动服务则完全相反，把矛盾解决在客人开口之前不仅需要意识，更需要一种熟练的技能。

知识拓展

中国古代旅馆服务理念——宾至如归

在中国传统文化中，家是个重要的概念。它不仅仅是一个社会组织单位的范畴，更是一种文化的归属。"在家千日好，出门一日难""金窝银窝，不如自己的狗窝""父母在，不远游"，这些说明了古代中国人对"家"怀有深厚的感情。因此，旅馆为顾客营造"家"的感觉，树立宾至如归的理念也就自然成了中国传统文化在旅馆服务上的体现之一，宾至如归成为中国古代旅馆经营的宗旨，成为现代旅馆的服务格言。

具体体现在：

第一，礼貌待客。礼貌待客一直是古代旅馆服务的重要内容。旅馆礼貌待客的最原始也是最永恒的表现形式就是礼貌用语与形体动作。客人前来投宿时，店小二（服务员）主动向客人打招呼，按照当时的社会风俗，分别对不同地位的人给予礼貌的称谓，如客官（小官吏）、长官（军士）、相公（富家子弟）、大哥（平民）等。

第二，圆满回答旅客提出的问题。为了让客人满意，要随时准备圆满回答客人的各种提问。店小二要对旅馆附近的风土知识、史料传闻、景观欣赏、建筑特点、地理环境等了如指掌，想方设法满足客人的提问，圆满回答客人的问题，不使客人失望。现代饭店大堂设有问讯处，大概源于此。

第三，迎合客俗。迎合不同的客俗，满足四方宾客的特殊需求，是古代旅馆宾至如归的另一体现，也是现代饭店个性化服务中的一项重要内容。唐宋时民间旅馆已出现专门接待南方、京八县（北京以东八县）和少数民族的旅馆，有专门接待贩鹰客的"鹰店"，有专门接待香客的"香客店"。招商旅馆设有存货房间。清代北京李铁拐斜街专门接待回族商人的"三元老店"不仅注意满足客人的"清真之戒"，还备有回族商客礼拜时冲洗用的汤喷壶等。泰山的"元宝店"还备有供住店香客进香用的香烛元宝等物。

第四，超常规服务。旅客住店期间，店家受客之托，办好客人委托的事宜，如为旅客代购物品、代客售货、代客请医等。

总之，宾至如归的服务理念是服务的灵魂，贯穿在中国古代旅馆服务与经营发展的全过程中。宾至如归是中国旅馆服务的核心，其包含的四个理念一直得以传承，至今仍然影响着我国酒店服务的发展。同时，也可以看出我国古代旅馆的服务理念与西方现代意义上的酒店服务理念有相通之处，殊途同归，说明我国酒店服务有着悠久的历史源泉，起源并不落后于西方酒店的服务。

资料来源：郑向敏. 中国古代旅馆小史［M］. 北京：学习出版社，2011.

第二节　质量管理概述

一、质量与质量管理

（一）质量

每个人对于"质量"这一词语都不陌生，生活中绝大部分人都可以准确地使用这一概念，但当我们仔细思考到底什么是质量时，不免又有一种模糊的感觉。因此，我们需要从理论上综合认识质量的含义。美国著名质量管理专家菲利普·克罗斯比（Philip Crosby）从生产者的角度出发，将质量定义为产品符合规定要求的程度；约瑟夫·M. 朱兰（Joseph M. Juran）从用户的实用角度出发，将质量定义为产品的"适用性"；国际标准化组织ISO从适用性和符合性两个方面把质量定义为：一组固有特性满足要求的程度。简单来说，质量是"达到用户的持续满意程度"。[①]

对于"质量"这一概念的理解，历史上却经历了较大的变化。例如，早期人们将质量从生产者角度定义为"产品符合规定要求的程度"，之后逐渐认识到，仅仅从适用性的"供给侧"角度考虑还不够，因为即使产品再符合规范，产品的原材料、设计规格等再符合既定标准和要求，但消费者不接受，或者没有满足消费者的需要，则并没有质量可言。

另外，"奢华的产品一定质量好，质量好就是奢华"，将质量与奢华画等号、相联系，这种观念对吗？根据上述分析，这种观念是必须要得到澄清的。诚然，高端五星级酒店的产品在硬件产品、服务方面的质量有很好的保障，但并不能认为中端酒店或经济型酒店的质量就是"差的"。换句话说，不能认为酒店的档次越高，产品质量就越好。每个档次的酒店对应每个层次和特定的消费者人群，只有真正满足了该群体的需求，才是体现了真正的高质量；而没有考虑所对应的消费者人群或目标市场大小，毫无节制地、盲目地追求奢华、高端和所谓"名牌"，则是对质量的严重误解，甚至造成大量的社会资源的浪费。这是当前质量概念最应该得到澄清的方面。

（二）质量管理

ISO 8402：1994《质量管理和质量保证术语标准》将质量管理的含义进行了扩展和规定："质量管理是指确定质量方针、目标和职责，并通过质量体系中的质量策划、质量控制、质量保证和质量改进来使其实现的所有管理职能的全部活动。"

上述定义说明，质量管理是企业管理中的一个重要环节，尽管表面上首先涉及"产品质量"，但在实现产品质量达标的过程中，却涉及企业的整体系统的运转和配合，是一个质量管理体系的实现问题。同时，质量管理过程中涉及各级管理者的职责，必须由最高领导者来推动，实施中涉及单位的全体成员。同时，在质量管理活动中，必须考虑经济因素。

[①] 詹姆斯·A.菲茨西蒙斯. 服务管理：运作、战略与信息技术[M]. 北京：机械工业出版社，2011：20-23.

二、现代质量管理的发展历程

现代质量管理的发展历程主要划分为三个阶段：质量检验阶段、统计质量管理阶段、全面质量管理阶段。

（一）质量检验阶段（20世纪初至20世纪30年代）

20世纪初，质量管理的研究对象是产品质量，偏重于对产品质量的事后检验。通过使用各种检测设备和仪表，严格把关，对产品质量进行检验。但这种质量检验是为了在成品中挑出废品来保证出厂产品的质量，而对于废品很难进行补救，因此无法在生产过程中起到预防、控制的作用。

（二）统计质量管理阶段（20世纪40年代至20世纪50年代）

到20世纪40年代，质量管理的研究对象拓展到质量的过程控制，特征是梳理统计方法与质量管理相结合，突出了质量的预防性控制。美国"统计质量控制之父"休哈特（W. Shewhart）提出统计过程控制（SPC）——应用统计技术对生产过程进行监控，以减少对检验的依赖；后来休哈特又将数理统计的原理运用到质量管理中，并发明了控制图来控制预防废品的产生。此后，美国统计学家道奇（H. Dodge）和罗明（H. Romig）提出了统计抽样检验方法。他们是最早将数理统计方法引入质量管理的学者，为质量管理科学的发展和完善作出了重要的贡献。

（三）全面质量管理阶段（20世纪60年代至今）

最早提出全面质量管理（Total Quality Management）这一概念的是美国通用电气公司质量经理阿曼德·费根堡姆。1961年，费根堡姆出版了《全面质量管理》一书，强调了执行质量是公司全体人员的责任。他指出："全面质量管理是为了能够在最经济的水平上并考虑到充分满足用户要求的条件下进行市场调研、设计、生产和服务，并把企业各部门的研制质量、维持质量和提高质量方面的活动构成为一体的一种有效体系。"

全面质量管理理论的研究对象进一步扩展到组织管理中一切可以单独描述和研究的对象，除了传统的产品质量和服务质量，还包括了组织的质量、体系的质量、人力的质量以及组合系统的质量等多方面。

戴明（W. Deming）、朱兰（J. Juran）是全面质量管理的集大成者。他们把全面质量管理的理念和工具引进到日本，帮助日本振兴经济。他们教育的主要对象是日本企业的高层管理者，而不仅仅是质量部门的经理，因此在高层管理者的支持下，日本企业把质量整合到企业，发展出了持续改进质量的企业文化。戴明和朱兰把全面质量管理的本质总结为，由顾客需求和期望驱动企业持续不断改善的管理理念，它主要包括以下几点：

第一，关注顾客。顾客不仅包括购买组织产品或服务的外部顾客，而且包括组织内部相互联系的内部顾客（如上下游价值活动间的员工）。

第二，注重持续改善。没有最好，只有更好，质量永远可以不断地被提升和改善。

第三，关注流程。全面质量管理把工作流程视为产品或服务质量持续改善的着眼点，而不仅仅是产品和服务本身。

第四，精确测量。全面质量管理运用统计方法对组织工作流程的每一关键工序或工作进行测量，把测量的结果与标准或标杆进行比较，识别问题，深究问题根源，消除问题产生的原因。

第五，授权于员工。质量管理是全体员工而不仅仅是管理者或质检员的职责和任务。全面质量管理事关组织中的一切员工，质量管理小组、工作团队将全面质量管理广泛运用于工作之中。

第三节　国内外现代质量管理大师简介

在质量管理发展的历史中，许多学者、研究者和实业家的思想和实践都对质量管理理论的发展作出了实质性的贡献。本节重点介绍国内外现代质量管理发展中的几位重要管理大师，其中包括国际知名质量管理大师戴明、朱兰和克罗斯比，他们在测量、管理和提高质量上的思想和观点，对世界上诸多企业实践和质量管理理论产生了重要影响，奠定了现代质量管理的基础。[①]

---

① 小约翰·金，罗纳德·齐希. 饭店业服务质量[M]. 徐虹，译. 北京：中国人民大学出版社，2015：33-35.

同时，也重点介绍国内知名管理学者、企业家和政府管理者，他们在中国企业质量管理理论以及质量管理实践方面同样作出了突出贡献。

一、国际知名质量管理大师

（一）W. 戴明

在20世纪20年代到30年代的质量检验阶段，戴明在西部电气公司工作。在第二次世界大战时，作为美国国防工作的一部分内容，他讲授质量控制课程，但是他意识到只给工程师和工人讲授统计学，并不能从根本上解决质量问题。尽管他曾付出大量努力试图向上层管理者传达与质量有关的信息，但在美国并未受到重视。

戴明认为，所谓一种产品好的质量，即它能帮助一些人，使人们享受这种产品的乐趣并赢得可持续的市场，那么这一产品就有好的质量。可见，戴明的质量哲学集中在通过减少产品和服务设计及其相关流程的偏差带来产品和服务的改进。戴明声称，高质量引起更高的生产力和更低的成本，进而带来市场占有率的提高和长期竞争力。这就是著名的戴明"反应链"（见图1-1）。戴明强调，高层管理者对质量的改进有着更重要的责任。

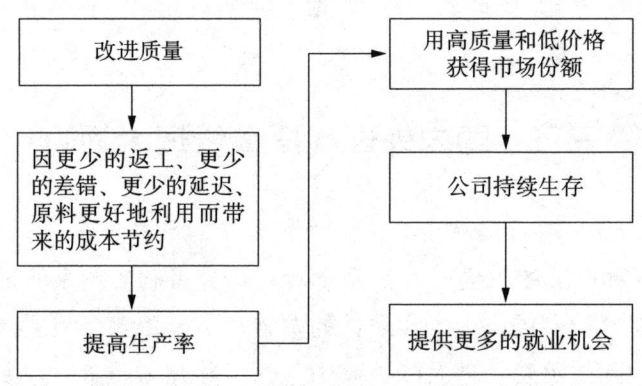

图1-1 戴明反应链示意图

除了反应链外，戴明更有影响力的是他早在美国就极力倡导的所谓"戴明14条原则"。虽然现在来看，这14条原则与现代企业管理实践有较大差别，但这14条原则所传达的思想仍然具有重要借鉴意义。现简要介绍如下：

第1条：制定愿景并作出承诺。一个组织的基本目的是服务顾客和员工。

必须定义其价值、使命和愿景，给管理者和员工提供长远的发展方向。这个责任由最高管理者承担，他必须对质量规划和企业的成功作出承诺。

第2条：学习的哲学。如果质量很差，产品和服务导致顾客不满，公司就不能生存下去。公司必须采取顾客驱动的方法，形成永无止境的改进循环。虽然许多质量原理通过培训确实深入到管理者和一线工人心中，并深化于组织价值观中，但是管理者仍然需要不断更新他们的知识。

第3条：理解检验。传统上，质量检验被当作质量控制的主要手段，即让质量控制部门发现和挑出不合格产品，这种做法对产品几乎不能增加价值，而且还降低了生产率，增加了成本。戴明鼓励组织将检验作为一个信息收集工作来实现改进，让从事具体工作的员工负起责任。通过更好地理解偏差和统计原理，管理者能减少很多不必要的检验，从而减少运营中多余的成本。

第4条：不再仅仅根据成本作出决策。许多管理者为了降低成本而牺牲质量。戴明认为，直接成本来自劣质原材料引起的废料以及生产过程中的返工及顾客退回的产品。这些代价远远超过了靠牺牲质量降低的成本。

第5条：持续改进。正如戴明反应链里所描述的那样，当质量提高时，生产率会随之提高，成本随之降低。传统上，持续改进不是一个共同的商业行为，但今天持续改进已成为一种生存的必要方式。改进的质量管理工作要不断更新，企业需要确保员工能够理解而且可以有效使用这些工具。

第6条：专业培训。有效的培训带来质量和产量的提高，而且提升了员工的士气。培训的范围必须超越基本操作技能的内容，即不能仅仅是操作一台机器，或者当和顾客交谈时必须按照什么方式去行事。

第7条：专业的领导体制。领导要比管理人员考虑得更长远。运营总监要指导员工提高工效，消除顾虑，大胆创新，掌控风险。领导力在过去、现在和将来都是每个企业所面临的极具挑战性的问题。

第8条：克服恐惧心理。没有管理者和员工之间的相互尊重，系统就不能工作。

第9条：打破部门之间的界限。团队帮助打破部门和个人之间的屏障，帮助他们看清价值链上的因素是怎样相互联系的。

第10条：废除口号。许多早期试图提高质量的企业，只着重于形式的改变，包括海报、标语以及激发积极性。然而，许多问题的主要因素在系统本身。

第 11 条：取消数量化的定额。在许多企业，管理一线工人靠数量，奖励个人依靠数量而不是质量。一旦目标达到，工人很少有动力继续关心生产或是提高产品质量。

第 12 条：消除影响一线员工为其工作成果而自豪的障碍。企业必须创造一个丰富的、有激情的、愉快的工作环境。

第 13 条：鼓励教育和自我提高。主要涉及员工为自我发展而接受更广泛的继续教育。许多公司已认识到在关注他们工作的基础上，广泛增长他们的知识所带来的好处。

第 14 条：采取行动。任何一个文化改变开始于高层管理者，然后涉及每个人。改变一个组织的文化通常遇到怀疑、抵触，许多公司很难处理，因此必须消除企业文化中根深蒂固的陈规陋习。

（二）约瑟夫·朱兰

朱兰是提出质量统计方法的先驱。他作为公司的工业工程师，在《质量控制手册》上花费了大量时间，像戴明一样，20 世纪 50 年代，朱兰向日本传授质量法则，是质量管理组中的一名主帅。

朱兰不建议组织中主要文化的改变，而愿意靠熟悉系统的管理者来寻求质量的提高。他要求企业中不同层次的员工用他们自己的语言说话。例如，规定高层管理者用美元作为通用语言，工人用物品作为通用语言，中层管理者必须会说这两种语言，而且能在美元和物品间相互转换。朱兰提倡用质量成本来测量，强调对质量问题的关注。在操作层面，朱兰注重通过减少失误来增加与规格的一致性，靠广泛数据统计工具来作分析。因此，他的哲学非常容易融入已有的管理体系中。

与戴明类似，朱兰提倡永无止境的质量循环，包括市场调研、产品开发设计、制造计划、购买、产品流程控制、检查以及销售，吸收顾客的反馈。朱兰的质量三部曲是：第一，质量计划——准备满足质量目标的程序；第二，质量控制——在运营中满足目标的流程；第三，质量改进——向前所未有的层次演进。

(三)菲利普·克罗斯比

克罗斯比是美国国际电话电报公司分管质量的集团副总裁,后创立培训公司。他个人出版的《质量是免费的》等畅销书,引起了美国公司高层管理者的关注。他的基本思想包括"绝对质量管理"和"改善的基本因素"。

绝对质量管理包括如下几点:

第一,质量意味着与需求一致,而不是精致。需求须清楚写出来而不致于被误解。

第二,不存在真正意义上的质量问题,问题是职能本身有问题。公司可能会出现财务、营销、产品设计等问题,这些问题的责任都落在职能部门。质量部门应该测量质量一致性、报告结果。

第三,不存在质量的经济性,第一次就做对总是最经济的。

第四,绩效测评是唯一的质量成本,费用花费在没有保持一致性上。克罗斯比提倡测试,公开劣质产品的成本。质量成本数据用于提出问题,引起管理者的注意,选择机会采取正确的行为,追踪质量改善的周期。这些数据提供了质量改进的数据并说明了成绩。

第五,唯一的绩效标准是零缺陷。这一原则充分说明了要防止商品和服务错误的发生,而不是事后发现错误再来改正。

二、国内知名质量管理大师

(一)袁宝华

袁宝华作为我国宏观经济管理部门的卓越领导人,杰出的经济学家、宏观经济管理专家和教育家,经历了共和国质量管理事业从无到有、从萌芽状态到成熟的各个历史时期,是中国企业管理和质量管理事业发展的重要见证者和主要推动者之一[1]。

袁宝华的理论成果主要体现在他提出的"质量经营"理念上。他认为,质量不仅是产品的核心属性,更是企业生存和发展的基石。因此,他提出了"质量经营"的概念,强调企业应将质量管理纳入经营战略中,以质量管理为

---

[1] 资料来源:笔者据公开资料整理。

核心，推动企业整体的发展。

在"质量经营"理念的指导下，袁宝华教授进一步提出了"质量文化"建设的观点。他认为，质量文化是企业质量管理的灵魂，只有建立起质量意识深入人心的企业文化，才能实现质量管理的长效机制。他提倡通过宣传教育、培训等方式，培养员工的质量意识和责任感，形成全员参与、持续改进的质量文化氛围。

此外，袁宝华还关注质量管理的创新。他认为，随着市场竞争的加剧和消费者需求的多样化，传统的质量管理方法已经难以适应新形势。因此，他提倡企业积极探索新的质量管理方法和技术，如六西格玛、精益管理、大数据分析等，以适应不断变化的市场环境。

袁宝华的理论成果在中国企业中产生了广泛的影响。他的"质量经营"理念和"质量文化"建设观点被众多企业采纳和应用，推动了企业质量管理水平的提升和核心竞争力的增强。同时，他的创新思想也激励了企业不断探索新的质量管理方法和技术，以适应不断变化的市场需求。袁宝华的理论成果为中国企业的质量管理发展提供了重要的支撑和指引。

（二）刘源张

刘源张是中国质量管理界的拓荒人和泰斗级人物，世界著名质量管理学家，管理科学和管理工程专家，中国工程院院士，国际质量科学院院士，长期从事质量工程和管理研究，在企业从事试点、培训和普及工作，尽心竭力帮助中国企业实现产品质量的飞跃，被同行称为"中国质量之父"。20世纪50年以来他奔忙于中国质量事业，乐此不疲。他的质量管理思想与中国经济和企业发展紧密地联系在一起，是从中国国情出发，根据企业的普遍问题和员工思想提出并实行的系统理论[1]。

20世纪70年代，当中国开始推行全面质量管理时，大多数企业处于"脏、乱、差"的混乱状况，那时质量管理的工作重点是整顿生产秩序和加强质量意识。刘源张为此向企业提出了"文明生产＋均衡生产＋工艺整顿＝全面质量管理"的口号。进入20世纪80年代，企业已经开始实行党、政、工、团和各部门的分工负责制，质量管理的工作重点转移到在建立质量目标后，

---

[1] 资料来源：笔者据公开资料整理。

将其层层地落实到个人的管理方法，最终达到岗位责任制的执行。刘源张又为此向企业提出了"保证体系＋目标管理＋小组活动＝全面质量管理"的口号。进入20世纪90年代后，国家的经济体制从计划经济过渡到市场经济的基本体制已经建立，随着经济体制的深入改革，政府职能和企业经营管理开始转变，政府部门对企业的控制减弱，相反企业的自主经营管理权限扩大。由此，刘源张又向企业提出了"节约资源＋保护环境＋培养人才＝全面质量管理"的口号。

另外，刘源张还提出了质量管理的"三全"和"三保"理论。"三全"指的是：领导在内的全员参加、考虑经济性和时间性在内的全面质量意义、加强售前售后服务的全部过程控制。"三保"指的是：产品质量靠工序质量，工序质量靠工作质量，工作质量靠员工质量的质量保证体系。刘源张的理论成果为中国企业的质量管理提供了宝贵的指导和启示，推动了中国企业质量管理水平提升和质量管理理论在国际上的影响力。

（三）张瑞敏

张瑞敏曾任海尔集团首席执行官。1984年创业以来，他带领海尔从一个濒临倒闭、资不抵债的集体所有制小厂发展成为物联网时代具有世界影响力的大型生态型企业。张瑞敏所领导的海尔在几十年的发展过程中，把质量始终作为企业、品牌发展的坚强后盾，树立了中国民族品牌崛起于世界品牌之林的典范。张瑞敏的质量管理思想也贯穿在海尔发展的过程中，通过不断实践和摸索逐步形成了带有海尔特质的质量管理文化[①]。

一方面树立质量理念，制定严格的质量管理规范。第一个质量理念是"有缺陷的产品就是废品"；第二个质量理念是"谁生产不合格的产品，谁就是不合格的员工"；第三个质量理念是"质量改进是个没有终点的连续性活动，停止就意味着开始倒退"。

另一方面他用实际行动梳理质量理念，强化质量意识。海尔传播质量意识的第一个行动就是曾轰动全国而后被广泛传为佳话的砸冰箱事件。此外还有"现场质量代价"行动、供应商评比行动等。海尔创新的质量管理工具主要有3E卡和质量责任价值券。两者都是将员工的质量成果与绩效工资挂钩。

---

① 资料来源：张瑞敏．应对全球化、信息化挑战的质量经营[J]．中国质量，2007（06）：14-20．

3E 卡是"3E 日清工作记录卡"的简称。"3E"是"每天、每人、每个方面"三个英文单词的首字母。此卡由检查人员每两小时填一次，将每个员工每天工作的 7 个要素（产量、质量、物耗、工艺操作、安全、文明生产、劳动纪律）量化为价值，每天下班时将结果与标准相对照，对完成情况进行落实记录。工人先自我审核，然后报给上一级领导复核。上一级领导按其工作进度、工作质量与标准进行对比，给予 A、B、C 不同等级的考评结果，每人的日工资按照各自的考评等级确定。工人的工资每天都写在 3E 卡上，月末凭 3E 卡发放工资。质量责任价值券是员工每人有一本质量价值券手册，手册中详细列举了以前生产过程中出现的各种问题，然后针对每一问题，明确规定了"自检、互检、专检"三个环节应负的责任价值及处罚金额。质检员发现产品缺陷后，当场撕价值券，由责任人签收；工人互检发现的缺陷经质检员确认后，当场给发现人以奖励，同时对漏检的工人和质检员进行罚款。质量券分红、黄两种，红券用于奖励，黄券用于处罚。

另外为了实现质量管理这一企业的核心职能，海尔建立了全面质量审核体系，各个事业部都设立了具有国际先进水平的质量审核机构——质量分析室，质量管理保障工作不仅是质管处、质检处等职能部门的工作，而且贯穿于整个业务流程中，由各相关部门通力合作。

（四）岳志坚

岳志坚，中国质量管理领域的杰出代表，以深入的理论研究和丰富的实践经验，为提升中国企业的质量管理水平作出了显著贡献。他的理论成果不仅在国内产生了广泛影响，也在国际质量管理领域引起了关注。

岳志坚长期致力于质量管理理论与实践的研究，提出了"全面质量管理三维模型"理论。该理论将质量管理划分为战略、过程和人员三个维度，强调质量管理应与企业战略相结合，通过优化流程和提高员工素质，实现持续改进和顾客满意。这一理论为企业实施全面质量管理提供了有力的指导。

在战略维度上，岳志坚强调质量管理与企业战略的紧密结合。他认为，质量管理应成为企业战略的重要组成部分，通过制定明确的质量目标和战略计划，确保企业在市场竞争中保持优势。同时，他还提出了"质量领导力"的概念，强调企业领导层在推动质量管理中的关键作用。

在过程维度上，岳志坚关注流程的优化和标准化。他认为，企业应通过不断改进和优化业务流程，提高产品和服务的质量。他提倡采用先进的流程管理工具和方法，如六西格玛、精益生产等，以实现流程的高效运转和持续改进。

在人员维度上，岳志坚强调了员工在质量管理中的重要作用。他认为，提高员工的质量意识和技能水平是实现质量管理目标的关键。他提倡通过培训、激励和文化建设等手段，提升员工的质量素养和参与度，形成全员参与的质量管理氛围。

岳志坚的理论成果为中国企业提升质量管理水平提供了有益的指导。他的研究成果不仅丰富了质量管理理论宝库，也为中国企业的质量管理实践提供了有力的支持。在他的理论指导下，许多企业实现了质量管理水平的提升和市场竞争力的增强。

第四节　服务质量管理概述

一、服务质量的概念

我们可以从不同的角度来阐述服务质量的定义。

从服务供应方的角度，服务质量可以定义为：服务固有的特性满足顾客和其他相关方要求的能力。这一定义在相当长时间内被普遍接受，直到消费者的需求与市场的观念被提出和广泛接受，服务质量的概念才逐渐有了新的变化。

图1-2是从消费者的角度来定义服务质量的。服务质量是：消费者的期望服务质量与感知服务质量之间的比较，当感知与预期一致时，服务质量是令人满意的；当感知大于期望时，服务质量是超越期望、喜出望外的；当感知小于期望时，服务质量是不满意的。

期望的服务质量的高低是由消费者受到的口碑宣传、消费者个人经历以及消费者在服务过程中的个人需求三个因素决定的。这些因素交织在一起对消费者的期望产生影响。一方面，每个消费者受上述三个因素影响的程度并不相同，因此，每个消费者期望的服务质量高低并不相同，存在异质性；另一方面，随着消费者个人经历和需求升级等因素的影响，消费者对同一类服务或同一家服务企业的服务质量的期望水平也在不断提高。这在某种程度上对服务企业管理服务质量提出了挑战：要对消费者的期望进行管理，既不能太高，也不能太低，要与所能提供的真实的服务质量相匹配。由此，许多高星级酒店在服务承诺（如广告）、顾客关系管理（如建立顾客数据库、随时关注顾客的微博等）等方面采取了较多的创新做法。

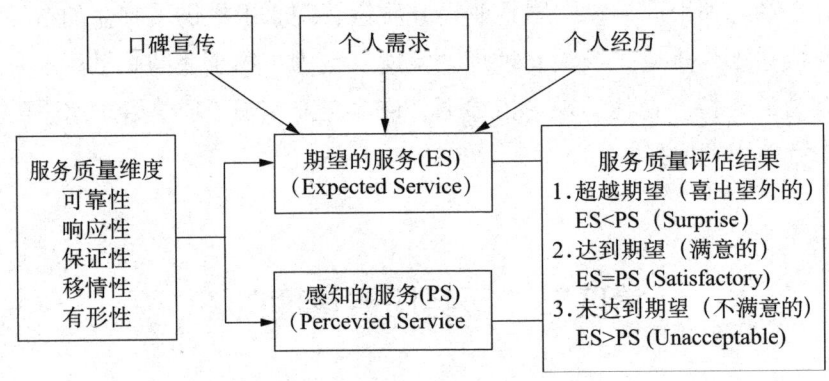

图 1-2　服务质量概念示意图

二、服务质量的组成部分

服务质量既是服务本身的特性与特征的总和，也是消费者感知的反应，因而服务质量既由服务的技术质量、职能质量、形象质量和真实瞬间构成，也由感知质量与预期质量的差距所体现。

（一）技术质量

技术质量是指服务过程的产出，即顾客从服务过程中所得到的东西。例如，宾馆为旅客休息提供的房间和床位，饭店为顾客提供的菜肴和饮料，航空公司为旅客提供的飞机、舱位等。对于技术质量，顾客容易感知，也便于评价。

（二）职能质量

职能质量是指服务推广的过程中顾客所感受到的服务人员在履行职责时的行为、态度、穿着、仪表等给顾客带来的利益和享受。职能质量完全取决于顾客的主观感受，难以进行客观的评价。技术质量与职能质量构成了感知服务质量的基本内容。

（三）形象质量

形象质量是指企业在社会公众心目中形成的总体印象。它包括企业的整体形象和企业所在地区的形象两个层次。企业形象通过视觉识别、理念识别、行为识别等系统多层次体现。顾客可从企业的资源、组织结构、市场运作、企业行为方式等多个侧面认识企业形象。企业形象质量是顾客感知服务质量的过滤器。如果企业拥有良好的形象质量，些许的失误会得到顾客的谅解；但如果失误频繁发生，则必然会破坏企业形象；倘若企业形象不佳，则企业任何细微的失误都会给顾客留下很坏的印象。

（四）真实瞬间

真实瞬间（the Moment of Truth）则是服务过程中顾客与企业进行服务接触的过程。这个过程是一个特定的时间和地点，这是企业向顾客展示自己服务质量的时机。真实瞬间是服务质量展示的有限时机。一旦时机过去，服务交易结束，企业也就无法改变顾客对服务质量的感知；如果在这一瞬间服务质量出了问题也无法补救。真实瞬间是服务质量构成的特殊因素，是有形产品质量所不包含的因素。

由于酒店服务过程中涉及的环节较多，服务流程较为复杂，特别是一些高星级酒店对顾客的个性化需求的满足要求较高，因此服务提供和传送过程应计划周密，执行有序，防止棘手的真实瞬间的出现。如果出现失控状况并任其发展，出现质量问题的危险性就会大大增加。一旦真实瞬间失控，服务质量就会退回到一种原始状态。服务过程的质量更是深受其害，会进一步恶化。

三、服务质量的测量

（一）服务质量测量的原则[①]

服务质量测量的原则如表 1-1 所述。

表 1-1 服务质量测量的原则和主题

原 则	主 题	备 注
利益平衡和商业条理	顾客感知的服务质量驱动利益	内部和外部有效性的决策综合在一起（成本控制、资本劳动力的生产率）
决策权威	制定决策应该尽可能分散到企业与顾客形成的互动界面上来	一些重要的战略性决策必须集中制定
组织的焦点	组织必须有框架，能起作用，组织的主要目标是调动资源来支持一线的运营	可能经常需要扁平机构，不需要不必要的层次
管理人员的监控	经理们和管理者必须集中力量鼓励和支持员工	几乎没有立法控制过程，尽管有些法律是需要的
奖励系统	顾客感知质量的产品必须是奖励系统的焦点	服务质量的所有相关层面都应该考虑到，尽管不是所有的都会建立奖励系统
测量中心	服务质量的顾客满意度必须是测量成就大小的中心	为了监控生产率和内部有效性，也可能会用到内部测量准则，然而顾客满意度的中心就是控制

（二）服务质量测量的标准

服务质量的测定是服务企业对顾客感知服务质量的调研、测算和认定。从管理角度出发，优质服务必须符合以下标准：

（1）规范化和技能化。顾客相信服务供应者，供应者的营销体系和职员有必要的知识和技能，规范作业，解决顾客疑难问题（有关产出标准）。

（2）态度和行为。顾客感到服务人员（一线员工）用友好的方式主动关心照顾他们，并以实际行动为顾客排忧解难（有关过程标准）。

---

① 郑向敏. 饭店质量管理[M]. 北京：旅游教育出版社，2006.

（3）可亲近性和灵活性。顾客认为服务供应者的地理位置、营业时间、职员和营运系统的设计和操作便于服务，并能灵活地根据顾客要求随时加以调整（有关过程标准）。

（4）可靠性和忠诚感。顾客确信，无论发生什么情况，他们能够依赖服务供应者以及它的职员和营运系统。服务供应者能够遵守承诺，尽心竭力满足顾客的最大利益（有关过程标准）。

（5）自我修复。顾客知道，无论何时出现意外，服务供应者将迅速有效地采取行动，控制局势，寻找新的可行的补救措施（有关过程标准）。

（6）名誉和可信性。顾客相信，服务供应者经营活动可以依赖，物有所值。相信它的优良业绩和超凡价值，可以与顾客共同分享（有关形象标准）。

（三）服务质量测量的维度

学者对于制造业企业的产品质量测量的维度已有较多研究，如戴维·加文（David Garvin）描述了许多产品质量因素，最终认为顾客可以通过如下几个因素来评价产品质量：性能，即产品最主要的操作特性；可靠性，在说明的使用条件下，使用超过指定时间后，产品可以继续使用的概率；一致性，产品物理性能和特点满足预先设定标准的程度；耐久力，在产品产生物理损坏或不得不更换之前，使用者总共使用的次数；服务性能，服务速度、礼貌和维修能力；美观性，产品看起来、感觉起来、听起来、尝起来或闻起来怎么样。[1] 而服务企业的服务质量测量维度则可以借鉴上述研究。从图1-2可以看出，服务质量测量有如下几个基本维度（或尺度），包括可靠性、响应性、保证性、移情性和有形性。

1. 可靠性

可靠性指员工可靠、准确地执行所承诺的服务的能力。可靠性意味着公司按其承诺行事，它体现在服务提供的各个环节中，如按时到达、定价与宣传一致、解决问题到位等。例如，某快餐公司向订餐者作出"30分钟内送菜上门"；某酒店向客人在前台办理入住作出"3分钟内办理入住，超过3分钟则免费入住"等服务承诺。

---

[1] David A. Garvin. What does Product Quality Really Mean? [J]. Sloan Review, 1984, 26（1）：25-43.

2. 响应性

响应性指员工根据顾客需要帮助顾客并提供快捷服务的自发性。该维度强调在处理顾客的要求、询问、投诉时，员工的专注程度与快捷程度。响应性主要表现在两点：一是顾客为获取员工帮助和信息咨询的等待时间长短，二是企业为满足顾客需求所提供服务的柔性和能力。企业要从顾客角度出发，审视服务传递和处理顾客要求的过程，建立有效的响应机制，如前台人员快速响应和随机应变的能力等。

3. 保证性

保证性指员工具有的为顾客提供服务所需的自信、知识与能力。当服务对顾客而言包含高风险，或顾客自己没有能力评价服务产出时，该维度非常重要，如金融服务、证券交易服务、医疗和法律服务等。

4. 移情性

移情性指员工给予顾客的关心和提供个性化的服务。其目的是通过个性化或定制化的服务，使每个用户感到自己是唯一的和特殊的。例如，企业员工清楚地记得顾客的名字和职位，针对不同顾客的偏好调整服务提供内容。

5. 有形性

有形性指酒店中的有形的设施、设备、人员仪表、环境氛围、背景音乐等。有形性更加直观、容易测量，是酒店服务质量测量的重要维度。

知识拓展

四季创始人伊萨多·夏普对酒店服务质量的理解

伊萨多·夏普是四季酒店（Four Season）的创始人，他在回忆录《四季酒店：云端筑梦》中对四季酒店的服务质量控制体系的构建过程进行了详细的阐述。在20世纪70年代中期，伊萨多决定将四季打造成世界上顶级的酒店集团，而要实现这一目标，"我们要以质取胜，在竞争战略上，质量是最为重要的"。然而，伊萨多发现，中基层管理者乃至高管团队并不以为然。

"我认为质量控制是用词不当。质量并不能通过精密评价体系、检查体系或质量训练达到。看看那些号称追求质量的公司，他们发放书籍与磁带给员工，进行激励性的人际沟通训练，他们投入了大笔金钱和大量时间以及精力去提高质量，但大多数都还是无疾而终。"

伊萨多提出："我认为大多数公司正是它们所谓的质量控制而失败的，因为公司不考虑顾客是怎样看待的。而顾客们总是考虑到价值。他们只购买那些能够最大化利用他们金钱的东西。根据我们的反馈，我们的酒店带给顾客享受、舒适的感觉，因为我们能够提供其他人没有的娱乐设施，但最重要的是，我们为顾客提供其他任何人都不能提供的优质服务。"

伊萨多去向只提供快捷满意的薯条和汉堡服务的麦当劳取经。因为麦当劳通过快捷服务，一如既往的规范操作，满足了顾客的期望，成为全世界快餐业最为成功的典范。差不多每个月，麦当劳都要改动其电视广告，但是公司给员工展示的录像至少有15年的历史了。这让我意识到，一旦你有一些东西已被人们认定，你就无须反复提及，意识一旦形成，就牢牢扎根了。我们的服务问题，远比麦当劳复杂，但也是遵循同一模式。

质量并不意味着奢侈，质量意味着想顾客之所想，每次都能满足顾客的期望，那是绩效，那是价值。

资料来源：伊萨多·夏普. 四季酒店：云端筑梦[M]. 赵何娟，译. 海口：南海出版社，2011.

思考题

1．服务的本质是什么？试举例说明。
2．什么是服务质量？什么是服务质量管理？
3．服务质量越高越好吗？试举例说明。
4．试比较戴明、朱兰和克罗斯比三位大师有关质量管理方面的异同。
5．请比较中国质量管理大师与西方质量管理大师的异同点。

第二章　酒店服务质量概述

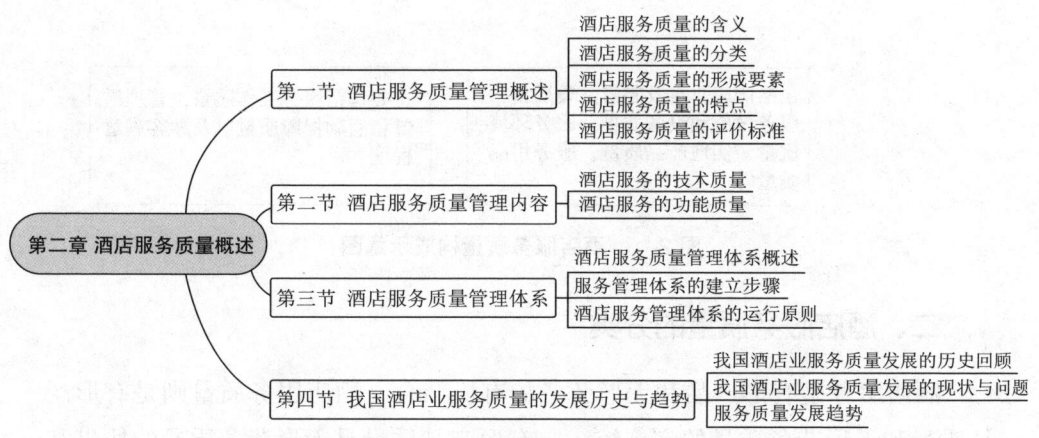

第一节　酒店服务质量管理概述

一、酒店服务质量的含义

酒店服务质量，是指酒店以其所拥有的设施设备为依托，为顾客所提供的服务在价值（包括实用价值）上适合和满足顾客物质和精神需要的程度。适合指的是酒店为顾客提供服务的使用价值能为顾客所接受。满足是指该种使用价值能够为顾客带来身心愉悦和享受的心情，满足或超出顾客的愿望。因此，酒店服务适合和满足顾客期望的程度体现了酒店服务质量的优劣。适合和满足顾客期望的程度越高，服务质量就越好；反之，服务质量就越差。

实际上，关于酒店服务质量还能从广义和狭义两个角度来理解。广义的酒店服务质量，包括了设施设备的质量、劳务服务的质量和实物产品质量，是一个完整的服务质量的概念。而狭义的酒店服务质量，仅指酒店劳务服务质量，由服务员的服务劳动所提供的且不包括提供的实物形态的使用价值。本书会从广义的角度来阐述酒店服务质量。

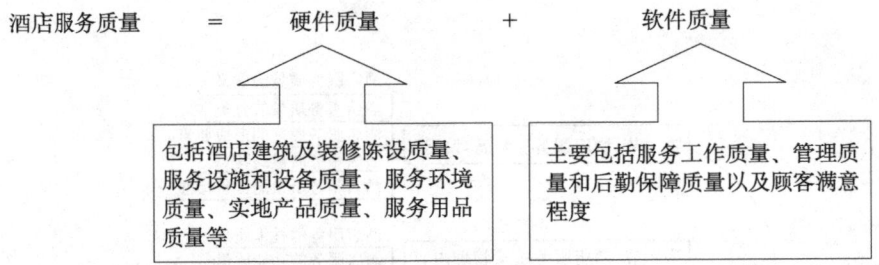

图 2-1 酒店服务质量构成示意图

二、酒店服务质量的分类

酒店服务是有形产品和无形劳务的有机结合，酒店服务质量则是有形产品质量和无形劳务质量的完美统一。有形产品质量是无形劳务质量的凭借和依托，无形劳务质量是有形产品的产品质量的完善和体现，两者相辅相成，构成完整的酒店服务质量的内容。

（一）有形产品质量

有形产品质量，是指酒店提供的设施设备和实物产品以及服务环境的质量，主要满足客人物质上的要求。

1. 设施设备质量

设施设备是酒店赖以存在的基础，是酒店劳务服务的依托，反映出一家酒店的接待能力。设施设备还是服务质量的基础和重要组成部分，是酒店服务质量高低的决定性因素之一。酒店设施设备包括客用设施设备和供应用设施设备。

客用设施设备，是指直接供客人使用的那些设施设备，如客房、康乐、餐厅、酒吧的各种设施设备等。客用设施设备要求做到设置科学、结构合理、配套齐全、使用舒适、操作简单等。其中，舒适程度是影响酒店服务质量的重要方面，舒适程度的高低一方面取决于设施设备的配置，另一方面取决于酒店对设施设备的维修保养。因此，随时保持设施设备完好和正常运作是保证酒店服务质量的重要组成部分。

供应用设施设备，是指酒店经营管理所需的生产性设施设备，如空调设备、厨房设备等。供应用设施设备要求做到安全运行、保证供应，否则也会影响服务质量。

2. 实物产品质量

实物产品质量是满足宾客物质消费需要的直接体现，是酒店服务质量的重要内容，包括菜点酒水质量、商品质量、服务用品质量、客用品质量等。

（1）菜点酒水质量。饮食产品是直接供宾客享用的，其质量高低取决于烹饪制作水平、食品及原材料质量和管理水平等多种因素。酒店厨师的技术是非常重要的，菜点酒水要有独特的风味特色，物美价廉，色、香、味、形俱佳，清洁卫生，新鲜可口。如果菜点酒水质量差，服务态度再好宾客也不会满意。所以酒店的饮食质量在酒店管理上是至关重要的。

（2）商品质量。现代酒店都设有商品部门销售实物商品，取得经济收入，满足宾客需要。产品要名优，质量上乘，美观大方，经济实用，品种齐全，同时要价格合理。

（3）服务用品质量。指酒店在提供服务过程中供服务人员使用的各种用品，如客房部的清洁剂、餐饮部的托盘等。它是提高劳动效率、满足宾客需要的前提，也是提供优质服务的必要条件。服务用品质量要求品种齐全、数量充裕、性能优良、使用方便、安全卫生等。管理者对此应加以重视，否则酒店难以为宾客提供满意的服务。

（4）客用品质量。客用品是指酒店直接供宾客消费的各种生活用品，包括一次性消耗品，如牙具、牙膏；多次性消耗品，如棉织品、餐酒具等。客用品质量应与酒店星级相适应，避免提供劣质客用品。

3. 服务环境质量

酒店服务环境质量，是指酒店的服务气氛给宾客带来感觉上的美感和心理上的满足感。它主要包括符合酒店等级的酒店建筑风格，充满情趣并富于特色的装饰风格，以及洁净无尘、温度适宜的酒店环境和仪表仪容端庄大方的酒店员工。所有这些构成酒店所特有的环境氛围，它在满足宾客物质方面需求的同时，又可满足其精神享受的需要。通常对服务环境质量的要求是整洁、美观、有序和安全。在此基础上对于高星级酒店来说，还应充分体现出一种带有鲜明个性的文化品位。

（二）无形产品质量

无形产品质量即劳务服务质量，是酒店产品质量中最主要的内容之一。它是指酒店以设施设备和产品为依托，提供在使用价值方面适合和满足宾客需要的服务的活动过程。

1. 礼貌礼节

礼貌礼节要求酒店服务人员具有端庄的仪表仪容，文雅的语言谈吐，得体的行为举止等。它体现一家酒店的精神风貌，反映酒店员工对宾客的基本态度。

2. 职业道德

职业道德是人们在一定的职业活动范围内所遵守的行为规范的总称。酒店服务人员应遵循"热情友好，宾客至上；真诚公道，信誉第一；文明礼貌，优质服务；不卑不亢，一视同仁；团结协作，顾全大局；遵纪守法，廉洁奉公；钻研业务，提高技能"的旅游职业道德规范，敬业、勤业和乐业。

3. 服务态度

服务态度指酒店服务人员在对宾客服务过程中体现出来的主观意向和心理状态，其好坏是由员工的主动性、创造性、积极性、责任感和素质高低决定的。具体要求是主动、热情、耐心、周到和具有"宾客至上"的服务意识。

4. 服务技能

服务技能是指酒店服务人员在提供服务时显现的技巧和能力，其高低取决于服务人员的专业知识和操作技术。具体要求是掌握丰富的专业知识，具备娴熟的操作技术，并能根据具体情况灵活地运用，从而达到具有艺术性，并给客人以富有美感的服务效果。

5. 服务效率

服务效率指员工在服务过程中对时间概念和工作节奏的把握，应根据宾客的实际需要灵活掌握。要求员工在宾客最需要某项服务时即时提供。因此，服务效率并非仅指快速，而是强调适时服务。

6. 安全卫生

安全是宾客外出旅游时考虑的首要问题。因此，酒店必须保障宾客、员工及酒店本身的安全。酒店清洁卫生直接影响宾客身心健康，是优质服务的基本要求，所以对此酒店必须加强管理。

服务质量管理除上述内容外，还包括员工的劳动纪律、服务的方式方法、服务的规范化和程序化等内容。

上述有形产品质量和无形服务质量的最终结果是宾客满意程度。宾客满意程度，是指宾客享受酒店服务后得到的感受、印象和评价。它是酒店服务质量的最终体现，因而也是酒店服务质量管理努力的目标。

三、酒店服务质量的形成要素

酒店服务质量的形成或实现来自三个重要要素：服务设计、服务供给和服务关系。酒店管理者和服务人员如何认识和管理好这三个因素将会影响顾客对酒店总体服务质量水平的评价。

（一）服务设计

服务设计，是指在服务之前及服务过程中，管理者及服务人员根据顾客的需求状况，及时准确地对服务的各个维度（如入住、用餐、客房服务、离店等）进行准备、加工、组合等过程。例如，针对酒店的 VIP 客人，一般会成立专门的管家服务团队，在 VIP 客人进入酒店之前提前设计客人入住的流程、服务标准等，以及在 VIP 客人入住过程中，随时根据客人的需求变化调整上述服务设计内容。当然，服务能否取得良好绩效，则取决于是否能满足顾客的个性化需求。

（二）服务供给

服务供给，是指酒店的管理者或服务人员将设计好的服务，经服务人员以顾客满意的方式提供给顾客，把理想的技术质量转变为现实的服务质量的过程。这一过程是服务质量实现的关键过程。这一过程经常体现为"标准化"的过程，如酒店的 SOP（标准操作流程）。然而，随着顾客个性化需求的不断出现，酒店提供的服务方式、服务类型、服务流程、服务标准等也都要随之发生变化，如当前出现的途家、小猪短租等非标准住宿企业所提供的服务就发生了较大变化。

（三）服务关系

酒店服务过程中，服务人员与顾客之间的合作直接影响服务质量。服务人员越是关心顾客，尽量借助有形因素将无形服务有形化，顾客服务质量的评价就越高。

通常顾客感知的服务质量要受企业形象、顾客预期质量和体验质量这三方面的综合作用。顾客在消费前，常受企业广告或其他宣传形式的影响，或自己以前消费的经验已形成对企业形象的初步认识，对自己准备要购买的服务质量有了比较具体的预期。这样，顾客在消费前，已形成并带有具体期望；顾客在消费后，会把自己在消费中体验到的服务质量与预期的服务质量进行比较，得出对企业服务质量的结论。此外，顾客对服务质量的最终评价还受企业原有服务形象的调节。如果企业的形象一贯较好，顾客很可能原谅企业在服务中的小过失，若企业原有的形象不佳，顾客会放大服务中的缺点，得出不满的结论。

知识拓展

酒店质量的"中间地带"

中国旅游协会秘书长张润钢博士，在其早年著作《张润钢论酒店》中对酒店质量的"硬件和软件"问题进行了深入分析，并提出了一个"中间地带"理论。

他首先提出，中国酒店行业里一直流行着如下说法或观念：好饭店的标准就是好的硬件加上好的软件；中国酒店硬件在世界领先，硬件很硬软件很软，需要重点改造的是软件；软件就是管理和服务，改善软件就是改善管理和服务。他提出，许多酒店提升软件狠抓服务的具体做法就是，要求服务人员微笑着问好、点头哈腰、服务热情和态度好。但这样服务质量就提升了吗？他又提出，许多酒店的卫生间的淋浴喷头安装的是从欧美国家进口的顶级设备，应当说硬件水平达到了很高水平。然而，当客人开始洗澡时，问题就出来了：长时间不出热水，好不容易等来了热水，水温又不稳定。这是硬件问题吗？喷头是顶级的；是软件问题吗？似乎也不需要服务员。又如早餐问题。一些酒店认为，改进早餐质量的思路就是提高食品原材料的质量，提供菜品的档次（如早餐提供大量海鲜食品的极端例子）、种类等，然而却忽视了一些最基本的质量问题。例如，粥可能是头一天剩的米饭加上些水再热一热就端出来了，包子是几天前做的，经过几次冷热折腾端上来的，西瓜被切成又大又薄的片，叉子插上后必须要仰着头才能把西瓜放到嘴里。

诸如上述问题，肯定不是硬件问题，也不是软件问题，应当是服务质量的一个处于硬件和软件的中间区域，这个区域往往最容易被忽视，因为它往往体现为顾客体验中的一个个细节。酒店的质量不能把硬件简单地理解为花钱，不要把软件简单地理解为服务态度，更要把两者的"中间地带"找到，切实从细节品质入手，才会真正抓住酒店服务质量的全部内涵。

资料来源：张润钢. 张润钢论酒店[M]. 北京：旅游教育出版社，2010：20-23.

四、酒店服务质量的特点

（一）酒店服务质量构成的综合性

酒店服务质量的构成内容既包括有形的设施设备质量、服务环境质量、实物产品质量，又包括无形的劳务服务质量等多种因素，且每一因素又由许多具体内容构成，贯穿于酒店服务的全过程。其中，设施设备、实物产品是酒店服务质量的基础，服务环境、劳务服务是表现形式，而宾客满意程度则是所有服务质量优劣的最终体现。它既涵盖了衣食住行等人们日常生活的基本内容，也包括办公、通信、娱乐、休闲等更高层面的活动。因此，人们常用"一个独立的小社会"来说明酒店服务质量的构成所具有的极强的综合性。

酒店服务质量构成的综合性特点，要求酒店管理者树立系统的观念，把酒店服务质量管理作为一项系统工程来抓，多方搜集酒店服务质量信息，分析影响质量的各种因素，特别是可控因素，既要抓好有形产品的质量，又要抓好无形服务的质量，不仅做好自己的本职工作，还要顾及酒店其他部门或其他服务环节，更好地督导员工严格遵守各种服务或操作规程，从而提高酒店的整体服务质量。

（二）酒店服务质量评价的主观性

尽管酒店自身的服务质量水平基本上是一个客观的存在，但由于酒店服务质量的评价是由宾客享受服务后根据其物质和心理满足程度进行的，因而带有很强的个人主观性。宾客的满足程度越高，他对服务质量的评价也就越高，反之亦然。酒店管理者不能无视客人对酒店服务质量的评价，否则将失去客源，失去生存的基础。酒店没有理由要求客人必须对酒店服务质量作出与客观实际相一致的评价，更不应指责客人对酒店服务质量的评价存在偏见，尽管有时确是一种偏见。相反，这就要求酒店在服务过程中通过细心观察，了解并掌握宾客的物质和心理需要，不断改善对客服务，为客人提供有针对性的个性化服务，并注重服务中的每一个细节，重视每次服务的效果，用符合客人需要的服务本身来提高宾客的满意程度，从而提高并保持酒店服务质量。正如一些酒店管理者所说："我们无法改变客人，那么就根据客人需求改变自己。"

（三）酒店服务质量显现的短暂性

酒店服务质量是由一次一次内容不同的具体服务组成的，而每一次具体服务的使用价值均只有短暂的显现时间，即使用价值的一次性，如微笑问好、介绍菜点等。这类具体服务不能储存，一结束就失去了其使用价值，留下的也只是宾客的感受而非实物。因此，酒店服务质量的显现是短暂的，不像实物产品那样可以返工、返修或退换，如要进行服务后调整，也只能是另一次的具体服务。也就是说，即使宾客对某一服务感到非常满意，评价较高，并不能保证下一次服务也能获得好评。因此，酒店管理者应督导员工做好每一次服务工作，争取使每一次服务都能让宾客感到非常满意，从而提高酒店整体服务质量。

（四）酒店服务质量内容的关联性

客人对酒店服务质量的印象，是通过他进入酒店直至离开酒店的全过程而形成的。在此过程中，客人得到的是各部门员工提供的一次次的具体的服务活动，但这些具体的服务活动不是孤立的，而是有着密切的关联，因为在连锁式的服务过程中，只要有一个环节的服务质量有问题，就会破坏客人对酒店的整体印象，进而影响其对整个酒店服务质量的评价。因此，在酒店服务质量管理中有一个流行公式：100−1<0，即100次服务中只要有1次服务不能令宾客满意，宾客就会全盘否定以前的99次优质服务，还会影响酒店的声誉。这就要求酒店各部门、各服务过程、各服务环节之间协作配合，并做好充分的服务准备，确保每项服务的优质、高效，确保酒店服务全过程和全方位的"零缺点"。

（五）酒店服务质量对员工素质的依赖性

酒店产品生产、销售、消费同时性的特点，决定了酒店服务质量与酒店服务人员表现的直接关联性。酒店服务质量是在有形产品的基础上通过员工的劳务服务创造并表现出来的。这种创造和表现能满足宾客需要的程度取决于服务人员的素质和管理者的管理水平。所以，酒店服务质量对员工素质有较强的依赖性。

酒店服务质量的优劣，在很大程度上取决于员工对客服务时的即兴表现，而这种表现又很容易受到员工个人素质和情绪的影响，具有很大的不稳定性。所以要求酒店管理者应合理配备、培训、激励员工，努力提高他们的素质，发挥他们的服务主动性、积极性和创造性，同时提高自身素质及管理能力，从而创造出满意的员工。满意的员工是满意的客人的基础，是不断提高酒店服务质量的保证。

（六）酒店服务质量的情感性

酒店服务质量还取决于宾客与酒店之间的关系。关系融洽，宾客就比较容易谅解酒店的难处和过错；而关系不和谐，则很容易致使客人小题大做或借题发挥。因此，酒店与宾客间关系的融洽程度直接影响着客人对酒店服务质量的评价，这就是酒店服务质量的情感性特点。

事实上，酒店服务质量问题总是会出现在酒店的任何时间和空间。作为酒店管理者所应做的是积极采取妥当的措施，其中最为有效的办法就是通过一些真诚为客人考虑的服务赢得客人，在日常工作中与客人建立起良好和谐的关系，使客人最终能够谅解酒店的一些无意的失误。

五、酒店服务质量的评价标准

酒店服务质量的评价标准可参考一般服务质量的评价标准，但同时也要针对酒店服务的特殊性来具体分析酒店服务质量的评价标准。

（一）可靠性

可靠性指酒店可靠地、准确无误地完成承诺的服务的能力。它是酒店服务质量属性的核心内容和关键部分。顾客希望可靠的服务来获得美好的经历，而酒店企业也把服务的可靠性作为树立企业信誉的重要手段。如必须兑现向预订宾客承诺的客房或餐厅包厢。

（二）响应性

响应性指酒店准备随时帮助宾客并提供迅速有效服务的愿望。响应性体现酒店服务传递系统的效率，并反映服务传递系统的设计是否以顾客的需求为导向。服务传递系统要以顾客的利益为重，尽量缩短顾客在消费过程中的等候时间。如顾客在前台办理住宿登记时身份证信息的填写，如果改为立即扫描存入，从而缩短宾客办理的时间，可以给顾客的感知质量带来积极的影响。

（三）保证性

保证性指酒店的员工所具有的知识技能、礼貌礼节，以及所表现出的自信与可信的能力。员工具有完成服务的知识和技能，可以赢得宾客的信任，可以使宾客在异乡有宾至如归的感觉。

（四）移情性

移情性指酒店的服务工作自始至终以客人为核心，关注他们的实际需求，并设身处地地为宾客着想。在服务过程中，员工要主动了解宾客的心理需求、心理变化及潜在需求，进而提供周到细致的服务，让宾客充分感受到服务中的"人情味"。

(五)有形性

有形性指酒店通过一些有效的途径——设施设备、人员、气氛等传递服务质量。酒店服务虽具有无形性特征,但我们必须通过有形的物质实体来展示服务质量,为顾客评价服务质量提供直接的依据。

运用以上五个维度测评酒店服务质量,其测量方法是通过设计问卷对酒店中的顾客进行测量。调查问卷的例子如下表。

表 2-1　SERVQUAL 量表举例

属性	对应的条目	顾客期望(E) 完全不重要　非常重要	顾客感知(P) 绝对不同意　完全同意
可靠性	当酒店承诺了在某个时间内做到某事,事实上确实做到了	1　2　3　4　5　6　7	1　2　3　4　5　6　7
	当顾客遇到问题时酒店尽力帮助顾客解决问题	1　2　3　4　5　6　7	1　2　3　4　5　6　7
	酒店应该自始至终提供良好的服务	1　2　3　4　5　6　7	1　2　3　4　5　6　7
	酒店应在承诺的时间内提供服务	1　2　3　4　5　6　7	1　2　3　4　5　6　7
	酒店应该告知顾客开始提供服务的时间	1　2　3　4　5　6　7	1　2　3　4　5　6　7
响应性	顾客期望酒店服务员提供迅速及时的服务	1　2　3　4　5　6　7	1　2　3　4　5　6　7
	酒店服务员总是乐于帮助顾客	1　2　3　4　5　6　7	1　2　3　4　5　6　7
	服务员无论多忙都应及时回应顾客的要求	1　2　3　4　5　6　7	1　2　3　4　5　6　7
保证性	酒店员工的行为举止应是值得信赖的	1　2　3　4　5　6　7	1　2　3　4　5　6　7
	酒店应当是顾客可以信赖的	1　2　3　4　5　6　7	1　2　3　4　5　6　7
	酒店员工应当始终热情对待顾客	1　2　3　4　5　6　7	1　2　3　4　5　6　7
	酒店员工应该具有足够的专业知识回答顾客的问题	1　2　3　4　5　6　7	1　2　3　4　5　6　7

续表

属性	对应的条目	顾客期望（E） 完全不重要　　非常重要	顾客感知（P） 绝对不同意　　完全同意
移情性	酒店员工应该对顾客给予个别的关照	1 2 3 4 5 6 7	1 2 3 4 5 6 7
	酒店员工应该对每个顾客给予个别的关注	1 2 3 4 5 6 7	1 2 3 4 5 6 7
	酒店应当了解顾客最感兴趣的东西	1 2 3 4 5 6 7	1 2 3 4 5 6 7
	酒店员工应该了解顾客的需要	1 2 3 4 5 6 7	1 2 3 4 5 6 7
有形性	酒店应该有现代化的设备	1 2 3 4 5 6 7	1 2 3 4 5 6 7
	酒店建筑风格、客房设计风格应该吸引人	1 2 3 4 5 6 7	1 2 3 4 5 6 7
	酒店员工应该穿着得体、整洁干净	1 2 3 4 5 6 7	1 2 3 4 5 6 7
	酒店的营业时间应该使顾客感到方便	1 2 3 4 5 6 7	1 2 3 4 5 6 7

知识拓展

 世界最佳酒店的衡量标准

第二节　酒店服务质量管理内容

关于酒店服务质量管理的内容，一直以来不同的学者提出不同的观点，在业界并没有形成标准定式的划分方式和内容。以下归纳比较有代表性的观点，以帮助读者更全面地了解酒店服务质量管理的内容。

观点一：酒店服务质量就是顾客的主观感受。

这种看法认为，服务质量是顾客对酒店所提供服务的主观反映。很明显，这种观点仅把服务质量看作是顾客的主观感受，忽视客观因素，在具体实践中的可操作性相对很低。

观点二：酒店服务质量就是指员工的对客服务质量。

基于"微笑服务就是优质服务"的理念，这种观点基本上是将酒店的服务质量看成是员工的服务效率、服务礼仪、操作技能等方面的组合。但是，这种观点的明显缺陷是，容易导致对酒店硬件质量的忽视。

观点三：酒店服务质量可以划分为技术质量（Technical Quality）和功能质量（Functional Quality）。

这种观点认为，酒店服务是有形产品和无形劳务的有机结合，酒店服务质量则是有形产品质量和无形劳务质量的完整统一。有形产品质量是无形劳务质量的拼接和依托，无形劳务质量是有形产品在质量上的完善和延伸，两者相辅相成，构成了完整的酒店服务质量。

一、酒店服务的技术质量

技术质量也称为有形质量，包括酒店的设施设备质量和实物产品质量。

（一）设施设备质量

酒店的设施设备质量是指酒店的建筑物和内部设施的规格和技术水平，它应与酒店的等级、规模相适应，其中包括酒店的服务项目的多少、设备的完好程度、舒适程度、方便程度和安全程度等。酒店是凭借设施设备来为顾客提供服务的，所以设施设备是酒店赖以存在的基础，是酒店劳务服务的依托，反映出一家酒店的接待能力。同时，酒店的设施设备质量也是服务质量的基础和重要组成部分，是酒店服务质量高低的决定性因素之一。

酒店设施设备包括客用设施设备和供应用设施设备。客用设施设备又称为前台设施设备，是直接供顾客使用的设施设备，如电梯设备、客房、康乐设备等。供应用设施设备又称为后台设施设备，不能直接提供顾客使用，是酒店经营管理所必需的生产性设施设备，如锅炉设备、制冷供暖设备、厨房设备、通风设备以及空调设备等。

(二)实物产品质量

实物产品质量是指酒店提供的可直接满足顾客的物质消费需要的有形产品的质量,包括实物产品的品种多寡、质量优劣、外观设计、价格合理程度等。实物产品质量的高低也是影响顾客满意程度的一个重要因素。因此,实物产品质量也是酒店服务质量管理的重要组成部分之一。

酒店的实物产品服务质量包括客用品质量、菜点酒水质量、商品质量、服务用品质量等。

二、酒店服务的功能质量

功能质量也称为无形质量,由酒店的劳务质量和环境质量两部分组成。

(一)酒店劳务质量

酒店劳务质量是指酒店提供的劳务服务的使用价值的质量。劳务服务的使用价值使用以后,其劳务形态便消失了,仅仅给顾客留下了不同的感受和满足程度。劳务质量是酒店服务质量的本质体现,主要包括服务技能、服务效率、服务态度、职业道德等方面。

(二)酒店环境质量

酒店建筑布局和装饰装修等除了满足顾客的物质需求以外,它们共同营造出的氛围也会给顾客带来心理上的满足。充满情趣并富有特色的装潢、一尘不染的用餐和客房环境、舒适安全的外部环境都会影响顾客的感知和满意度。

第三节 酒店服务质量管理体系

一、酒店服务质量管理体系概述

（一）酒店服务质量管理体系的概念

酒店服务质量管理体系（Quality Management System），是指与实施酒店质量管理有关的组织结构、过程、程序和资源等方面的制度安排，是在质量方面管理组织的体系。质量管理的体系管理原理要求：任何一个组织都需要根据实际内外部环境的情况来策划、建立和实施质量体系，实现系统管理时才能达到其质量方针和质量目标。

（二）酒店服务质量管理体系的特点

（1）全面性。酒店质量管理体系应该涵盖保障酒店质量的所有内容，一切与质量相关的需要酒店解决的问题都必须在体系框架内有所反映，而酒店质量管理体系也是酒店有效开展质量管理的核心。

（2）适用性。酒店所建立的质量管理体系必须与自身的实际情况相适宜，符合本身的发展阶段，这样才能保证质量管理体系的可操作性。

（3）相容性。相容性是指酒店服务质量管理体系要与其他管理体系相容，具体体现在各体系之间不相互矛盾；同时各个体系之间的要求反映到作业层面上不会造成工作人员的困惑或增加负担。

（4）经济性。追求优质服务是酒店的目标，但同时酒店作为营利性企业必须考虑到经济成本和盈利。因此，酒店的质量管理体系要在最能提升顾客满意度的地方支付成本，以最经济的投入获得最大的顾客价值和效益。

二、服务管理体系的建立步骤

（一）确定顾客和其他相关方的需求和期望

确定顾客需求和期望是酒店质量管理的前提和基础，而发现这些需要和期望的途径主要有顾客主动提供意见、顾客投诉和一线员工的反馈等。因此，酒店应该建立健全顾客投诉和建议制度，设计快捷方便的建议和投诉程序以便酒店及时发现提供服务过程中的不足之处；同时酒店管理人员应充分重视一线员工的建议和意见；最后，酒店不仅要与顾客打交道，还需要综合考虑其他相关方的意见，例如国家、行业相关部门或当地社区的关系等。

（二）建立组织的质量方针和质量目标

质量方针，是由高层管理者正式颁布的酒店的总质量宗旨和方向。酒店的质量方针是各部门和全体人员执行质量职能以及从事质量管理活动所必须遵守和依从的行动纲领。不同的企业可以有不同的质量方针，但都必须具有明确的号召力。

质量目标是质量方针在具体的管理职能上的展开，更加明确和具体。

（三）确立实现质量目标的过程和职责

首先要确定酒店作为一个整体如何实现质量目标所必需的总过程，确立总方针和方向；其次是设计服务的细节过程，规定管理每个过程的办法，如前厅接待、客房服务、餐饮服务等。

（四）确定实现质量目标必需的资源

酒店的资源包括物力和人力资源两种。其中，人力资源的管理是重点。因此，酒店要注重员工培训，提升员工素质，重视提高员工的质量意识和员工激励。

（五）建立持续改进的方法

由于内外部环境在不断变化，质量管理体系也需要不断进行调整完善，促进服务质量的持续稳定提高。应突出预防为主的思想，对服务的全过程进行控制。

三、酒店服务管理体系的运行原则

（一）顾客为中心

顾客是酒店生存和发展的最重要的因素，酒店的经营以顾客为中心，服务顾客并满足顾客需求是酒店存在的前提和决策的基础。为了赢得顾客，酒店必须深入了解和掌握顾客当前和未来的需求，在此基础上才能满足顾客需求并争取超越顾客期望。

（二）领导作用

领导者是酒店的掌舵手，领导者确立酒店的发展方向和服务宗旨。他们应为酒店员工提供良好的内部环境，激发员工的创造力和服务热情，让员工的个人目标与酒店的目标趋于一致，领导员工为了共同目标一起努力。

（三）全员参与

酒店是一个有机组合的大整体，各个部门必须协调一致才能为顾客提供服务。因此，服务管理体系也必须将各个部门每个员工包含在内，调动员工的参与积极性，鼓励创新思维。只有全体员工广泛参与，才能为酒店带来最大的利益。

（四）过程导向

将活动和相关的资源作为过程进行鼓励，可以更高效地得到期望的效果。通过分析过程、控制过程和改进过程，将影响质量的所有活动和环节都控制好，确保服务产品的高质量。因此，在开展质量管理活动时，必须要着眼于过程，要把活动和相关的资源都作为过程管理，如此才可以有效地得到期望的效果。

（五）系统论思想

开展质量管理要用系统的思路，将所有相关联的过程作为系统加以识别、理解和管理，从而提高酒店实现目标的有效性和效率。

（六）持续改进

服务产品的异质性和无形性，使得酒店的服务质量水平的稳定和维持工作更为重要。服务质量需要不断提高，持续改进工作是一个永无止境的目标。质量管理的目标是顾客满意。一方面顾客的需求不断提高，酒店必须持续改进才能不断赢得顾客的支持；另一方面，激烈的外部竞争也使得酒店常处于一种"不进则退"的局面，酒店必须不断改进，才能在竞争中处于不败的地位。

（七）摆正顾客和酒店的关系

酒店的生存与发展源于顾客的信任和满意程度。通过提高服务质量来满足顾客需要以培养忠实客户，有利于市场客户群的培育。当然，这些都是在质量管理体系健康运行的前提下才可能加以维系。

第四节 我国酒店业服务质量的发展历史与趋势

一、我国酒店业服务质量发展的历史回顾

酒店业是我国最早与国际接轨的行业之一。改革开放之后，我国现代酒店在30年的发展历程中从无到有、从小到大、从不规范到规范，取得了长足的进步。作为酒店生命线的服务质量管理，在中国酒店业发展中发挥着核心的导引作用，特别是具有里程碑意义的我国旅游饭店星级评定标准的出台和实施，在我国酒店业发展史上具有标志性的地位。郑向敏（2011）认为，在我国酒店业服务质量发展的30多年的历程中，服务质量管理经历了观念培育阶段、产品导向阶段和顾客导向阶段，并逐步向人文导向、员工导向、精细化导向的质量阶段迈进。[①]

（一）观念培育的质量管理阶段（1978—1987）

改革开放初期到20世纪80年代末，是我国酒店业质量管理培育的阶段。改革开放以前，我国还没有实际意义上的旅游酒店，有的只是属于行业内部的招待所，因此具有现代意义的、与国际行业接轨的服务质量管理模式尚未建立。此时，我国的"涉外旅游饭店"行业正试图接受和引进现代酒店的经

---

① 郑向敏. 中国饭店业质量管理发展的回顾[M]//中国旅游研究回顾与展望. 北京：旅游教育出版社，2011.

营理念和操作模式，构建真正意义上的现代酒店。

此时，酒店质量管理的使命就是模仿和学习现代酒店的基本理念，在观念上建立起从业人员对现代酒店的概念和认识。例如，彼时的北京建国饭店、广州白天鹅和南京金陵饭店的建立和运营，开创了中国旅游饭店的新纪元，引进了国际酒店管理集团的经营理念、质量标准、管理模式等，成为我国酒店业学习的标杆。改革开放的总设计师邓小平同志召开旅游界人士会议时指出："第一是服务态度、清洁卫生。房子要干净，伙食要适合外国人口味，服务员要有外语知识，你让人家出钱，服务态度不好，又脏，谁来？来了也不会满意。"这一指示对我国旅游业和酒店业的服务质量管理提出了明确的改进目标。1984年，国家旅游局推出的学习北京建国饭店先进经验的活动，标志着中国旅游饭店开始从经验管理向科学管理迈进，标志着从招待所的服务模式向标准化的服务模式的演进。这一阶段，酒店从接待客人的基本要求出发来进行服务质量管理。例如，北京昆仑饭店从具体事情做起，提出"微笑、问候、起立、让路、仪表"十字方针；"学会说话、学会道歉、学会微笑"成为行业风尚，礼貌用语、礼貌待客成为酒店员工的行为准则。

（二）产品导向的质量管理阶段（1988—1997）

这一阶段中的标志性事件是1988年国家旅游局正式颁布了旅游饭店星级评定标准，酒店的服务质量有了可以遵循的明确标准和方向。这一标志性事件表明，中国酒店业已经走过了现代酒店的观念接受阶段，国家试图通过法规的形式对现代酒店的经营管理进行制约和引导，其目的是使我国的饭店产品能符合国际通行的惯例和标准。

我国酒店把"标准化、规范化、程序化、制度化"（"四化"）作为酒店质量建设的重中之重。"四化"建设是以产品为导向的质量保证策略，其目的是生产出统一、标准的酒店产品，使顾客能准确识别出酒店产品的质量优劣。其中，标准化是对酒店产品结果的统一约定，规范化是对酒店服务操作及服务行为的统一约定，程序化是对酒店服务操作流程的统一约定，制度化则是对酒店所有统一约定的显性化、文字化表达，这种表达具有强制的约束力量。

这一时期是我国酒店业在数量上高速增长的时期。酒店数量猛增，酒店市场的竞争越来越激烈，同时酒店产品体系走向多元化，星级饭店的层级分化也越来越明显。这些不同类型、不同档次的酒店产品需要有不同的标准和规范要求来进行指导。因此，1997年我国正式颁布了《旅游涉外饭店星级的划分及评定》（GB/T14308—1997），对我国不同档次、不同类型的酒店的标准化和规范化要求进行了充分的表述与体现。这一国家标准既对酒店的设计、建筑、装潢、设施设备、服务项目、服务水平等进行统一约定，又根据顾客的不同需求层次来区分酒店产品的层次。因此，这一标准将我国以产品为导向的规范化服务质量管理推向时代需求的浪尖，开创了顾客导向的服务质量运作新时代，是我国酒店服务质量管理承前启后的时代标志。

（三）顾客导向、人文导向和员工导向的质量管理阶段（1998—2011）

1. 顾客导向的质量管理阶段（1998—2001）

1997年的亚洲金融危机使我国酒店业面临史无前例的客源危机和行业经营危机，我国酒店的数量虽然持续增长，但酒店的效益却持续下滑，酒店市场进入一个竞争异常激烈、经营非常艰难的时期。市场竞争的激烈态势使得我国酒店业开始由关注自身产品的生产，逐步走向了解顾客需求、再定位产品生产的顾客导向的质量管理阶段。我国酒店业开始全面关注顾客的需求特征、消费特征和行为心理，并实行以需定产、以顾客的个性化需求来决定酒店产品的运作方式的质量管理模式。

这种质量管理模式体现在酒店企业对个性化服务的追求，是在规范化服务的基础上针对客人的不同需求给予尽善尽美的服务，其核心是顾客满意。个性化服务强调服务的灵活性，提倡更为主动的服务和周到的超值服务。在实践中，诸多酒店创造和发展出丰富多样的个性化服务方式，如香格里拉酒店集团提出了"殷勤好客亚洲情"的喜出望外服务计划，把"尊重备至、彬彬有礼、温良谦恭"作为个性化服务的原则。湖南长沙华天大酒店倡导服务在"客人招手之前""客人想到的要为客人做到，客人没想到的要替客人想到并做到"。

除个性化服务外，这一阶段中国众多酒店积极参与了ISO 9000质量认证和ISO 14000环境保护行动，积极开展绿色饭店的推广活动。许多酒店从最初的模仿西方改为自行创新，把质量管理建立在科学化的基础之上。如，北京丽都假日酒店提出"感情服务是中国酒店之魂"的主张，突出中国人的情感特色并首次发布对客服务的天气预报，使质量管理处于预前控制之下。

这一阶段，全面质量管理也成为各酒店追求的目标，如"服务质量环"的运作使酒店在服务操作层面上的质量得以实施和落实。PDCA 循环、QC 小组等许多质量控制方法也在酒店业中得到广泛推行并已逐步形成制度。

另外，神秘客人的暗访制度和客史资料积累也在众多酒店中广泛推行。前者，众多酒店不惜重金聘请专家或业内资深人士对酒店进行暗访检查，作出评估，找出问题，提出改进意见。后者，酒店开始积累客史资料使回头客人的需求变得更为有案可查，使细节服务更为准确无误，这一做法的持续积累也成为后续酒店顾客大数据分析的重要基础。

2. 人文导向的质量管理阶段（2002—2004）

2001 年我国正式加入世界贸易组织，酒店业对外资酒店的限制完全取消，国外酒店集团加大进军我国酒店业力度，进行全面扩张。这种竞争态势一方面使国外酒店集团管理的酒店面临本土化的问题，另一方面又使本土酒店面临自立自强，甚至进军国际市场的问题。国际跨国酒店集团在进军中国市场的初期普遍以高星级酒店作为其开拓对象，并旗帜鲜明地标榜档次、文化、品位，推动了我国酒店业的文化竞争的发展。这种市场态势使我国酒店业开始关注人文战略，即通过关注顾客的人文需求来帮助实现本土化和提高文化竞争力，凸显了酒店的软实力，代表着酒店的档次、品位和地位。

2003 年，我国正式颁布新的《旅游饭店星级的划分及评定》（GB/T 14308—2003）。这一标准在坚持统一标准的同时，给酒店的星级评定提供了更多的选择自由，酒店可以根据自身的客源市场及其需求特征在更广阔的范围内选择设施的配备和服务项目，这为酒店业的人性化发展和酒店关注客人的人文需求提供了制度保障。

对顾客进行人文关怀是酒店文化发展战略的重要方向。随着我国酒店业市场的进一步成熟，"大众定制化"的观念和方法开始进入我国，为我国更好地关注顾客的人文需求提供了理论和技术基础。北京国际俱乐部、东方君悦、上海金茂等提出了"大众定制化"，全国许多酒店也纷纷学习仿效。在人本主义的推动下，人性化服务、心理关怀、文化需求引导、精细化服务等成为酒店质量管理的主题，推动了我国酒店业的质量管理迈向人文管理的高级阶段。与此同时，我国酒店业的一批质量管理人才逐渐成长起来，质量管理的理论日臻成熟。

3. 员工导向的质量管理阶段（2005—2011）

进入这一阶段，我国酒店业市场开始出现急剧的转型与分化。一是国际跨国酒店集团开始全方位进军我国酒店市场，从高档酒店到低星级酒店，再到经济型酒店，都分布有国际酒店集团的品牌。二是我国新兴酒店市场中出现了锦江之星、如家、7天、汉庭、格林豪泰等经济型酒店品牌，它们开始开设分店，布局物业，高速发展，改变了传统酒店行业格局，在价格、产品定位以及酒店集团连锁管理方面冲击了传统的酒店市场。三是国内传统饭店集团的品牌化、集团化的趋势也进一步明显加强，加之房地产公司、资本的进入，使得各集团间竞争异常激烈。四是携程、去哪儿、艺龙等在线预订旅游公司的快速成长，对酒店的利润空间进一步压缩。这些因素的叠加和交织作用，导致了我国酒店业在质量管理方面遇到了前所未有的矛盾：一方面，来自市场、资本和竞争对手的压力，使得酒店对员工提供的服务质量要求越来越高；另一方面，酒店业利润空间的压缩，人力资源管理观念的落后，使得我国大部分地区的酒店业的员工工资待遇与其他行业相比较低，一些酒店出现了较为严重的员工流失，一些酒店出现严重的员工荒，酒店越来越难以招到足够数量的、合格的从业人员，从而严重影响到了酒店的服务质量。

在这一严重的人力资源危机背景下，酒店行业开始关注酒店员工的人文需求，强调通过满意的员工来实现高质量的对客服务。众多的酒店企业认识到，对员工服务质量是影响员工对客服务质量的一个重要因素。在此阶段，我国众多酒店推出了一系列内部改革措施，致力于为员工提供更好的工作环境和家庭式的人文氛围。如，青岛海景花园大酒店坚持以"企业化"为统帅，以"亲情一家人"为品牌，以"留住每一位顾客，把每一位员工塑造成有用之才"为宗旨，以"以情服务，用心做事"作为海景企业精神，成为著名的民族品牌酒店。经济型酒店中，如家酒店提出"家服务"的宗旨，致力于在全集团打造家服务氛围；7天酒店集团提倡"快乐文化"的企业氛围，以企业内公平、透明、高效的机制为基础，建立快乐、简单的企业文化。

(四)精细化导向的质量管理阶段(2012年至今)

2012年后,我国酒店业的急剧转型过程加快,一些新的环境影响因素和行业变化包括:一是自党的十八大以来不断推动的"反四风"、反腐等工作,使得国有星级酒店(集团)、与公款消费关联较大的中高档酒店(集团)等的经营业绩受到较大冲击;二是国际经济形势与我国经济的结构性调整趋势,使得酒店业的经营遇到了前所未有的挑战,特别是包括人力成本、能源成本和租金成本在内的三大成本的不断上涨,进一步压缩了酒店的利润空间。然而,在挑战面前也出现了较多市场方面的机遇,如大众旅游市场的高速发展、顾客对住宿条件和服务质量的要求的升级、消费者需求的多样化和个性化等。总之,这些机遇和挑战目前仍然影响着我国酒店业的发展,同时对我国酒店业质量管理也提出了进一步的要求。

其中,精细化导向的质量管理,或精益管理被认为是当今我国酒店业质量管理的重要方向。精细化导向的质量管理,包括对酒店内部服务成本的管控、对顾客满意度的回复与利用、对新生代员工的内部服务质量的管理等,使得质量管理与酒店的经营相挂钩,进而通过精细化管理来促进酒店的发展。

例如,中国旅游饭店业协会自2013年起每年推出的中国酒店业"金星奖"评选活动,就是通过对我国酒店在质量管理、顾客满意度方面的优秀实践的表彰与推广,不断推动精细化管理的理念与实践。

总之,酒店业的质量管理是一个持续改进的过程,伴随着时代的发展和我国酒店业的发展,酒店业的质量管理也必将随着时代的需求不断改变和进步,酒店质量管理的理论、思想、方法与体系也将不断得到丰富和完善。

二、我国酒店业服务质量发展的现状与问题

(一)豪华和高星级酒店服务质量问题

1. "硬件"与"软件"不匹配

我国酒店业一直都有"重硬件,轻软件"的倾向。世界旅游组织专家费雷德曾走访了我国14个旅游城市,考察了各地112家酒店,认为我国大部分旅游酒店的硬件设施已达到或超过国际同类酒店水平,但从业人员素质、质量管理及服务水平却落后于同行业国际水准。这一问题在我国高星级酒店业

中一直以来十分突出，这与我国酒店星级评定标准过分强调酒店硬件设施指标有关，不利于酒店业服务质量的提高。良好的硬件设施固然是高质量服务的重要物质基础和组成部分，但若没有高水平人员服务，高星级酒店服务质量很难得到真正的提高。毕竟硬件设施满足的主要是宾客物质上的需要，只有人员服务才能给予宾客更高层次的精神享受和满足。

2. 恶性价格竞争

近年，随着我国旅游业的快速发展，我国高星级酒店数量也一直呈高速增长的态势，高星级酒店供给能力有了显著提高，部分地区高星级酒店供给能力远远超出市场需求，由此导致高星级酒店市场出现供过于求。在供过于求的市场压力之下，一些高星级酒店试图利用价格战来争夺客源。然而，高星级酒店服务的特殊性质，使得价格战在高星级酒店行业的作用极为有限。由于高星级酒店服务产品的不可储存性，宾客不可能因为高星级酒店降价而大量购买，薄利多销原则在高星级酒店业很难适用。因此，高星级酒店的大幅度降价行为只会导致营业收入的锐减。高星级酒店经营的最终目的是获取经济利润。优质低价或许可以作为一种营销手段在短时间内存在，但绝不可能长期如此，质价相符才是市场经济永恒的规则。当恶性价格竞争发生时，为了获得利润，企业最终会以损害宾客利益为代价来寻求补偿。于是裁减员工、降低服务质量标准便成了许多高星级酒店的无奈选择。

3. 缺少科学的服务质量标准和服务规范，服务效率低

质量的基本要素是一致性。高星级酒店产品具有无形性特征。与工业企业不同，高星级酒店很难对服务产品本身进行诸如颜色、尺寸、大小的控制。因此，对服务人员的行为进行规范和控制是提高服务质量可靠性、一致性的根本途径。制订科学的服务质量标准和服务规程，并以这些标准和规程对员工的工作行为进行控制是保证高星级酒店服务质量稳定性的主要手段。员工在这些具体的标准和规程指导下所提供的服务就是人们熟知的标准化服务。

虽然标准化服务正遭受越来越多的批评和怀疑，但就我国高星级酒店业的总体现状而言，对绝大多数高星级酒店来说，大力推行标准化服务仍是适宜的选择。我国酒店管理者质量管理意识普遍薄弱，手段和技术落后，管理效率低下。具体表现为：缺乏科学、完善的服务质量管理制度，或者是制定了完善的制度，但执行不力，甚至各项制度过于陈旧，和顾客多样化和个性化需求有冲突。比如，在国际上，效率的具体化就是明确的时间概念，上菜

是几分钟，叫出租车是几分钟内到，客房内设施坏了多长时间内维修好，总台结账几分钟内完成等大大小小的服务都有着定量的服务标准，尽管在具体规定上有差别，但快捷、简便是共同的原则。而我国部分酒店还未树立服务效率的意识，在最需要体现效率的地方往往是通过模糊的概念来表达的，诸如用"差不多、马上、很快"之类的不确定时间用语来表达，这必然造成对客户的不负责，也不能使得客户满意和认可其服务。

除此之外，多年来，国内很多酒店员工服务工作缺少主动性，"微笑服务"开展不起来，缺乏基本的礼貌礼节，先进的设施设备不会操作使用，外语水平普遍较差，能熟练操作电脑的人少等，都是酒店服务质量水平低的表现。虽然近几年情况有所改善，但还不能令顾客满意。

4. 部门间缺乏服务协调

酒店部门协调性差的首要原因在于，员工缺乏协作意识、部门之间缺乏良好沟通。酒店服务产品具有综合性，服务是由不同部门、不同员工共同提供的。酒店服务质量的好坏不仅涉及高星级酒店各部门的工作质量，还取决于各部门之间、员工之间的配合与协调程度。在我国酒店行业，部门经理更关心的是如何把自己的部门业绩搞好，而不是与其他部门的合作，由此造成的障碍最终会把客人赶到竞争对手那里去。主管和一线员工在各自经理领导下进行着内部战争，指责其他部门。顾客成为这些内部战争的直接的受害者，他们会选择不再光顾这间酒店。尽管某个部门在某次内战中获胜，但整个组织却输掉了竞争。由于酒店内部协调性差而导致宾客不满的现象，在我国高星级酒店中绝不鲜见。如果酒店所有员工，无论是前台服务人员还是后台服务人员，无论是客房服务人员还是餐饮服务人员都能够以"全心全意满足宾客需要"为指导思想，高星级酒店的内部协调度将大大提高。除此之外，员工因不了解其他部门的工作程序和规范是影响酒店内部协调性的又一原因。针对这一点，轮岗和交叉培训是解决这一问题的有效措施之一。在许多国际品牌酒店中，几乎所有的高级部门经理都会有交叉培训这一课程，以便增强各部门领导间的相互了解和互助协作。

5. 高星级酒店从业人员素质欠佳

先进的服务设施和从业人员良好的基本素质，是高星级酒店提供优质服务的根本保证，两者不可偏废。我国部分内资高星级酒店在设施设备方面与国际高星级酒店相比可谓毫不逊色，有的甚至可以与国际高端酒店相媲美，但服务质量水平却大大落后，其重要原因之一是从业人员的基本素质落后。从业人员的基本素质包括外在和内在两个方面。外在素质指从业人员的仪容仪表、行为举止的职业化。员工的外在素质水平与创造高星级酒店高雅文明的环境氛围关系极大。高星级酒店从业人员的内在素质是指高星级酒店员工的人文素质和职业素质，即员工的文化水平、文明程度、道德修养以及专业知识、服务意识、服务技巧等。高星级酒店服务作为一种无形的商品销售，从业人员的内在素质是其价值所在。员工的内在素质的高低直接关系到酒店各种制度、服务标准和操作规程能否发挥作用，因而也是高星级酒店能否维持并提高服务质量水平的关键。我国高星级酒店从业人员素质较高星级酒店业发展初期有了明显的提高，但各种因素也正制约着我国高星级酒店从业人员整体素质的进一步提升，主要是由于酒店内的各基本岗位的起点较低，所以招聘到的员工的文化水平也较低，有许多部门，如客房、安保、餐饮后勤人员的学历可能只有初中，从而在很大程度上限制了员工对酒店管理理念的理解和实施，也影响了员工个人的职业发展。

6. 人员流动率高，满意度低

只有拥有相对稳定的员工队伍才能确保服务质量的稳定。我国高星级酒店业因员工流动率过高影响服务质量水平已引起业界和研究者的重视。员工流动率过高对高星级酒店服务质量稳定性的影响是显而易见的。一般来说，员工在决定离开而尚未离开高星级酒店的那一段时间里，工作不如以往认真负责。高星级酒店在员工离去后，不仅需要一定时间物色新员工，培训新员工，往往还由于培训不足，新员工各方面的素质难以达到服务要求，直接影响高星级酒店服务质量；员工流失还会影响士气，对其他在岗人员的情绪及工作态度产生不利影响。

员工队伍不稳定的首要原因是高星级酒店员工职业满意程度低。这其中包括员工对薪资福利的不满意，对岗位的不满意，甚至对管理层的不满意。同时作为酒店管理层而言，尚未认识到企业文化所具有的强大的精神凝聚和激励功能，因而在企业文化建设方面所做的工作十分有限，如许多高星级酒店管理者认为企业文化建设就是举办几次职工文化体育活动。缺乏企业文化这种精神上的纽带，高星级酒店员工队伍的稳定性很难维系。①

---

① 施伟君. 国际品牌酒店服务质量提升的研究——以 Radisson 品牌酒店为例[D]. 上海：华东师范大学，2011.

（二）经济型酒店

1. 客房质量和隔音效果有待提高

与基础服务相比，顾客更加注重经济型连锁酒店的设备设施，尤其是客房的设施设备。顾客普遍反映客房面积太小，周围环境太吵，设备设施落后等。客房作为顾客最关注的核心产品，其服务质量的好坏直接决定着酒店整体服务质量。因此，要提升顾客满意度，完善酒店设备设施势在必行。选址方面，经济型连锁酒店应注重选择周围环境较好和房间面积较大且隔音效果好的地点开店；对已营业的门店，应根据实际情况采取消音措施，减少噪声。装修风格方面，可在保持原有风格的前提下采用更加高档精致的装饰，提高经济型酒店档次；对已营业的门店，应根据实际情况，对大堂和房间及时翻新。客房设施方面，可适当增加风格独特的装饰，及时更新和维修电视、空调等设备，实现有线和无线网络全覆盖，提高上网速度，并在一定比例的客房配备电脑，满足商务人士的需求。

2. 餐饮服务满意度低

经济型酒店自然不及中高档酒店的餐饮产品和质量，经济型酒店在完善服务项目时，应重视早餐服务，丰富早餐的品类和延长供应的时间等，为顾客提供针对性和个性化服务；经济型酒店的服务虽然不比星级酒店的周到和细致，但服务态度和效率也应加强，应建立综合服务质量管理体系。[①]

三、服务质量发展趋势

国际品牌酒店在中国的规模持续壮大。过去中国见证了全世界最豪华的酒店品牌的进入，中国也见证了世界上最奢华的酒店消费。因此，之前不管是造酒店，还是经营酒店都有一些浪费或者不足的地方。在未来，酒店的管理者必将会总结以前的经验将会更经济地投资与经营酒店。例如，未来的酒店的面积会有新变化，如餐厅不会那么多，套间不会那么豪华，而是注重内容和体验，从而给客人带来新的入住经历。随着科技进步，酒店行业用先进的技术和智能的数据手段为客户提供更为精准的客户体验，如有些酒店已经

[①] 郭桂玲. 经济性酒店服务质量提升对策研究[D]. 青岛：中国海洋大学，2013.

用机器人为客人提供服务。智能入住、高科技和数字化、数据化应用等，会对未来酒店经营产生极大影响。

消费者越来越成熟，不会为了品牌或者为了档次进行一些无谓的消费，而会更精打细算，可以说未来就是酒店的调整期。原来五星级酒店的投资人未必在未来做五星级档次的酒店，可能会让酒店的设施下滑。但有一点不会变，就是不会忽视对顾客的服务质量。顾客的品位越来越高，要求越来越高，所以在服务质量不能降低的情况下，只有靠先进的科技控制成本。成本，一个是能源，一个是人工。能源，就是将来在造酒店的时候，运营上不会造成很大负担；人力方面，一个人能够有多种分工或者要精简工作程序，由计算机来承担部分工作。

未来，无论是硬件还是软件方面，酒店的服务质量都会呈现一种新样态，即新的思维，新的潮流，新的途径。

知识拓展

酒店业的服务质量会越来越差吗

伴随我国酒店业的快速发展，酒店业的服务质量将如何变化？是越来越好还是越来越差？北京第二外国语学院和青岛大学的研究团队秦宇教授、郭为教授、李彬博士和张笑语等在课题研究《越来越差？一个服务质量悖论及其解释》中对上述问题进行了深入研究，下面对其研究成果进行简要综述。

质量管理在20世纪80年代和90年代开始成为学术界研究的重要课题。一般认为，在竞争的压力下，随着产业和市场的发展，企业会通过各种质量管理实践，增加产品和服务的特色并（或）减少缺陷，改善产品和服务的质量。总体来看，某些国家或某些市场中的产品与服务质量会越来越好。日本、韩国等国家的制造业产品从低质量的代名词，转变为一流制造质量的典范，就是典型的例子。

然而，服务质量的演进总是如此吗？在某些国家的某些发展阶段，是否存在某些较为特殊的行业，在这些行业中，服务质量并没有随着市场的发展提高，而是下降了？若存在这样的行业，导致服务质量整体下降的原因有哪些？对这种现象的解释有何种理论和实践意义？这构成了本研究的主要研究目的。

我们以中国高星级酒店市场为研究对象，对国内12个城市、16家高星级酒店中超过100名中高层管理者进行了半结构化访谈。基于访谈数据和其他定量数据的分析，我们发现，由于中国高星级酒店业发展道路和环境的特殊性，这一市场中的服务质量演化呈现出反常的变化轨迹。即服务质量并没有随着产业的发展而提高，相反却降低了。

初步研究表明，服务质量的降低与该行业中员工、消费者和企业的变化有关。其中，高星级酒店业在劳动力市场中的吸引力在急剧下降，员工素质不断降低，是造成服务质量下降的主要原因；中国旅游者的消费经验在过去的十几年中迅速积累，拉高了服务质量期望值并因此扩大了期望值与实际感受值的差异，使服务质量的主观评判降低。20世纪90年代后期政府放松对高星级酒店建设的管制后，四五星级酒店的数量迅速增加，分布地域越来越广，使得新酒店的管理团队配备和后勤保障难度增大，服务质量下滑。除了上述三个原因，高星级酒店市场中其他竞争因素的变化，也对服务质量下降有一定影响。

更进一步的分析表明，服务质量的反常变化轨迹与酒店产业特征和宏观层面的中国社会经济的快速变化紧密相关。若将这种变化纳入整体的视角看，高星级酒店中服务质量"越来越差"的"反常现象"实则是一种正常的现象，这是高星级酒店市场从超常规发展模式——集中体现为"飞地现象"——向正常发展模式回归过程中必须经历的"阵痛"。我们认为，今后高星级酒店市场中还将处于较长时期的服务质量下降阶段。若干年后，过了这个阶段，服务质量才会再度提升。也就是说，高星级酒店市场中的服务质量将呈现出"U形"的变化趋势，虽然目前还未到达底部，但长期看来质量上升是必然的趋势。

资料来源：转引自北京第二外国语学院酒店管理学院微信公众号"北二外酒管院"，2015-12-01.

思考题

1．与一般服务企业的服务质量相比，酒店服务质量有哪些特殊性？
2．酒店服务质量评价的基本标准和评价方法是什么？
3．我国酒店服务质量发展历史有何特点？未来酒店服务质量发展的趋势是什么？
4．我国酒店服务质量存在哪些问题？

第三章 酒店服务质量持续改进

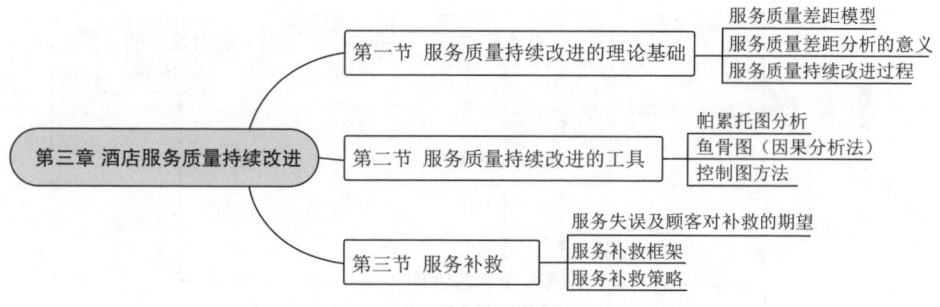

第一节 服务质量持续改进的理论基础

服务质量持续改进，是指酒店在日常的服务管理工作、管理体系构建的基础上，需要密切关注顾客的需求变化，进而监控并持续完善服务质量。服务质量持续改进的基础理论是服务质量差距模型。

一、服务质量差距模型

美国的服务管理研究组合 PZB（A. Parasuraman，V. Zeithaml and L. Berry）于 1985 年提出了差距模型，如图 3-1 所示，专门用来分析质量问题的根源。

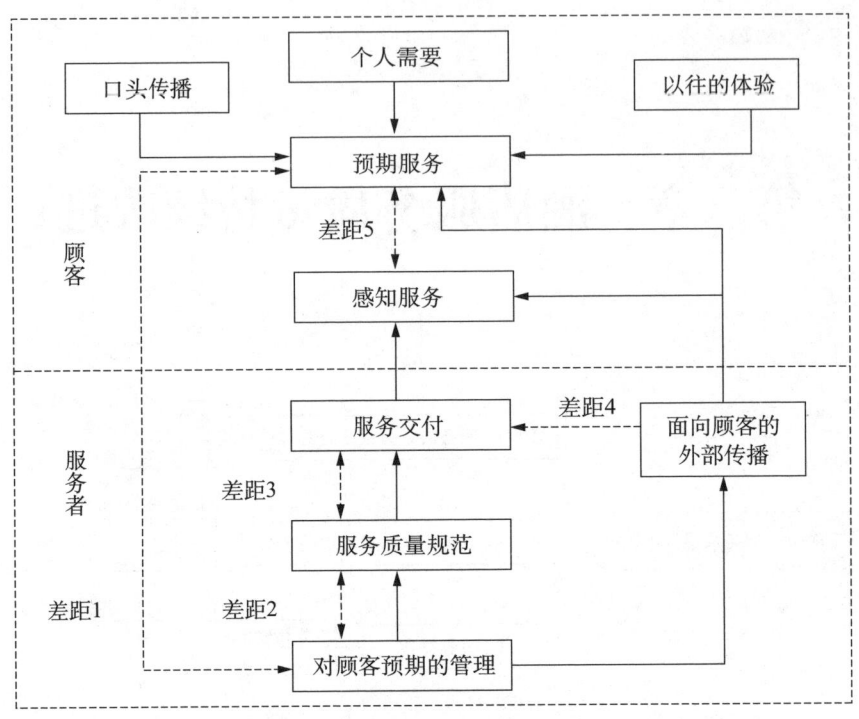

图 3-1 服务质量差距模型示意图

所谓服务质量差距,是指顾客对服务的期望与顾客对企业所提供的服务感受之间的差距,也可理解为服务的客观现实与顾客主观感受质量的差距。

"差距1",是指顾客对服务的期望与管理者对这些期望的理解之间的差别。

"差距2",是指管理者对顾客期望的理解与制定顾客导向的服务设计、服务标准之间的差别。

"差距3",是指管理者制定的服务质量标准与实际服务传递之间的差距。

"差距4",是营销沟通行为所作出的承诺与实际提供的服务不一致之间的差异。

努力缩小上述4个差距,便可最终缩小差距模型中的核心"差距5"——顾客差距,即顾客期望与顾客感知的服务之间的差别,使顾客感到他们得到了他们所期望的。

二、服务质量差距分析的意义

服务质量差距分析有利于企业更有针对性地了解服务质量中存在的问题和不足，发现服务质量管理中的主要漏洞和薄弱环节，为改进服务工作，提高服务质量，提升服务质量管理水平提供客观依据。

（1）有利于企业及时调整服务规范和服务质量标准，优化服务流程，改革服务机制，整合服务资源，实现企业的可持续发展。市场调查表明：客户服务水平提高20%，营业额将提升40%。

（2）有利于企业掌握顾客意之所思、心之所想，以便有效提供适宜的高附加值的服务产品，充分满足顾客需求和期望。

（3）有利于企业及时识别和把握市场机会，获取市场优势并将其转化为竞争优势。

（4）有助于实施顾客满意战略。

（5）有利于顾客获得更多、更快的优质服务，实现顾客价值的最大化。

三、服务质量持续改进过程

服务质量持续改进，是指在生产企业产品和服务的过程中持续进行的小改进。这些改进的绝大部分源于员工的创意想法和对过程的思考。例如，如家酒店集团就建立了"金点子"案例库，旨在搜集每家门店由基层员工提出和尝试的创新做法，对这些创新实践进行整理后，在区域内甚至全国的门店中进行推广。

持续质量改进的过程如下：

第一，向管理层提供信息；

第二，通过管理层的审核和发布信息来找出其根本原因（问题）或确定最好的执行方案（创意）；

第三，由团队开发和激活一个行动计划；

第四，定期评估改进的进程。

这些步骤可以通过图3-2和图3-3说明。

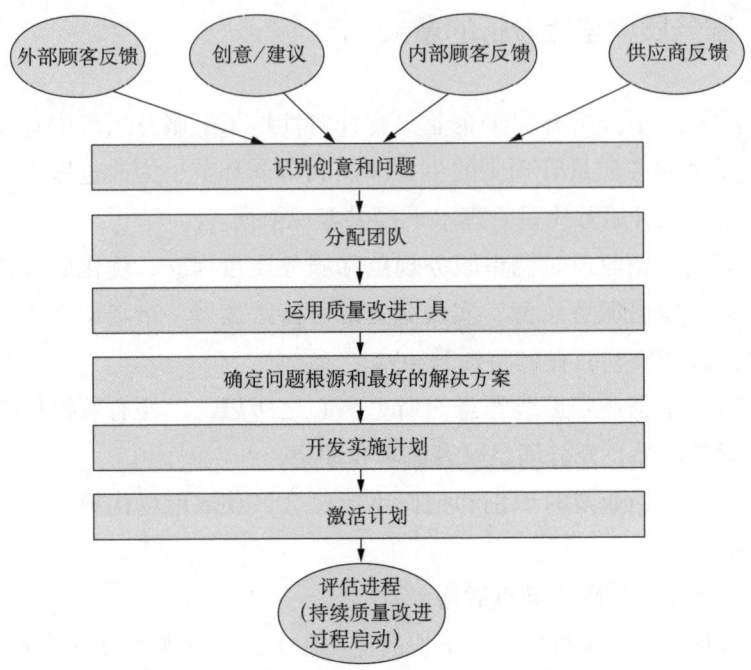

图 3-2　酒店持续质量改进过程示意图

资料来源：小约翰·金，罗纳德·齐希. 饭店业质量管理［M］. 徐虹，译. 北京：中国人民大学出版社，2015：58.

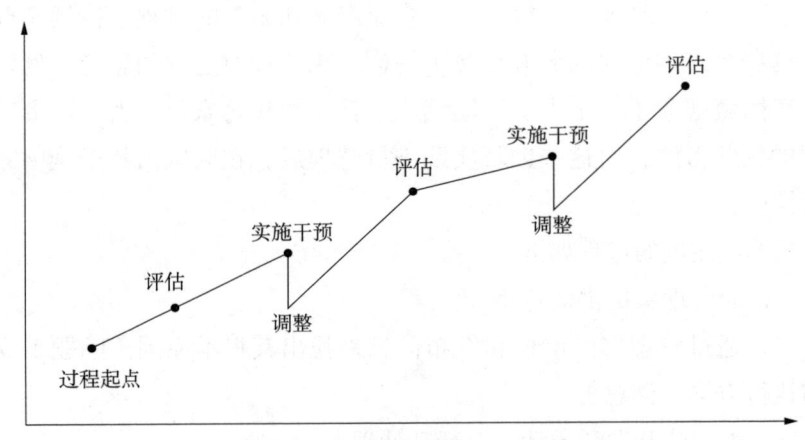

图 3-3　持续质量改进示意图

资料来源：小约翰·金，罗纳德·齐希. 饭店业质量管理［M］. 徐虹，译. 北京：中国人民大学出版社，2015：59.

第二节 服务质量持续改进的工具

用于服务质量持续改进的工具较多，如工艺流程图、直方图、鱼骨图、帕累托图、控制图、散点图、趋势图、检查表、数据统计法分析等。本书重点介绍帕累托图分析、鱼骨图和控制图方法。

一、帕累托图分析

帕累托法则是 1879 年意大利经济学家维弗雷多·帕累托（Vilfredo Pareto）提出的，他在研究社会人口与财富的占有规律时发现：占整个社会人口比例很小的少数人，却占有社会财富的大部分；而占整个社会总人口比例很大的多数人，却占有社会总财富的极小量，呈现不均匀分配的规律。他把这种现象所反映出的人口与财富的关系概括为"重要的少数和次要的多数"。帕累托法则也称为"二八原理"，即 80% 的问题是 20% 的原因所造成的。

帕累托图在质量管理中主要用来找出产生大多数问题的关键原因是什么，用来解决大多数问题。"大多数"是累积百分数由 1% 至 80% 的因素，称为主要因素；把积累百分数在 80% 至 90% 的因素称为次要因素；把积累百分数 90% 至 100% 的因素称为最次要因素，然后根据各类因素的不同特点采用不同程度与方法的管理。

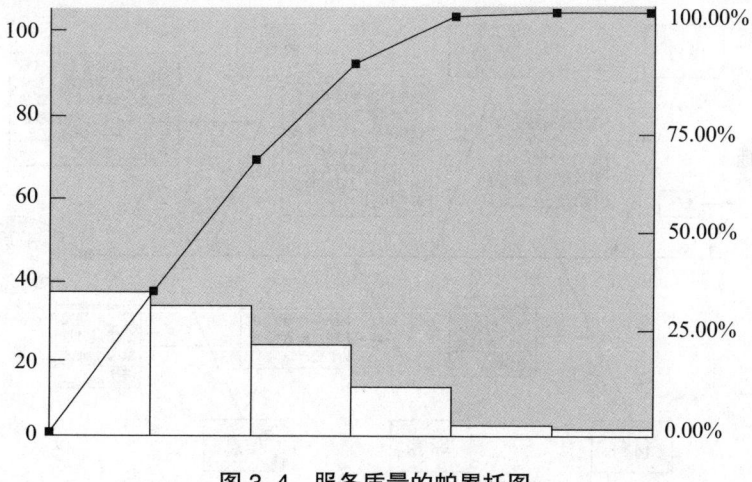

图 3-4 服务质量的帕累托图

图 3-4 中的帕累托图用双直角坐标系表示，左边纵坐标表示频数，右边纵坐标表示频率。折线表示累积频率。横坐标表示影响质量的各项因素，按影响程度的大小（出现频数多少）从左到右排列。通过对排列图的观察分析可以抓住影响质量的主要因素。图 3-4 中，第三个因素的累计频率超过了 80%，则可以判断前两个因素为主要因素。

二、鱼骨图（因果分析法）

这是一种结构化的方法，可用于由简到详地识别、探索或用图形展示造成某一问题的所有潜在原因，以最终发现问题的根本原因。类似于鱼骨的外形，被称为鱼骨图。

鱼头为问题的出发点，沿着鱼脊柱追溯造成问题的各类主要原因。对于服务企业，造成问题的典型原因类型有信息、顾客、材料、程序、人员和设备。通过头脑风暴法，为各大类和子类提供更加详细的原因。可通过提问"谁、什么、哪儿、何时、为什么、如何"等问题来发现原因。图 3-5 反映的是用鱼骨图来分析飞机航班晚点的原因。飞机晚点是航空公司在服务质量上面临的最大问题之一，顾客抱怨和投诉频繁。在识别出导致飞机延误的主要原因后，再测量每个原因对实际延误的影响程度。该航空公司通过对离港延误原因的分析，利用帕累托图分析法，找出了影响准时离港的关键原因，最终发现 90% 的离港延误是由四个原因造成的，88% 的飞机晚点是由所有可能原因中的四个原因造成的，其中，超过半数的晚点是由一个原因造成的，即天气不好。

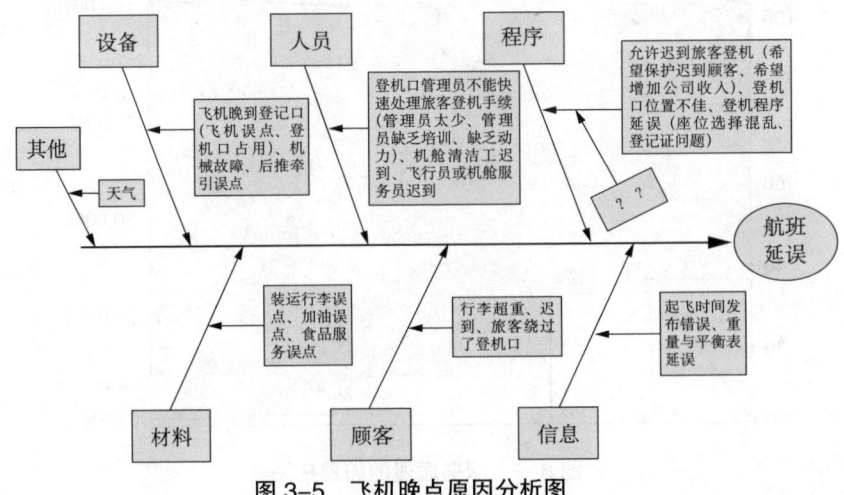

图 3-5 飞机晚点原因分析图

三、控制图方法

控制图方法是一种跨时期的、遵循特定质量标准的绩效测量与改进方法，它通过设定指标的控制上限和控制下限来测定服务过程是否失控以及是否需要调整。控制图具有良好的可视性，容易识别和监控，可以用它表示单个变量指标或整体指标。控制上限和下限的计算公式为：

$$UCL = \bar{p} + 3\sqrt{\frac{\bar{p}(1-\bar{p})}{n}} \qquad LCL = \bar{p} - 3\sqrt{\frac{\bar{p}(1-\bar{p})}{n}}$$

其中，UCL 为控制上限，LCL 为控制下限，p 为平均值，n 为样本数量。图 3-6 是一家酒店餐厅的上菜准时率控制图。由图中反映的趋势可知，该指标不稳定且不令人满意，酒店餐厅管理层需要特别重视这个指标，及时找出偏离控制区域的数值所对应的月份中出现该偏差的原因。

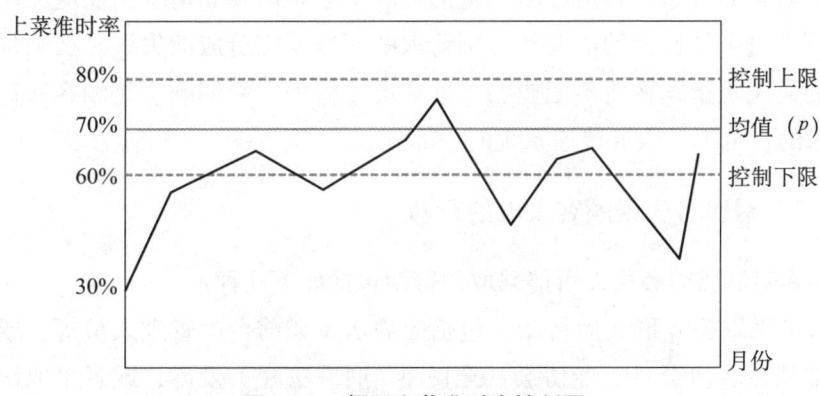

图 3-6　餐厅上菜准时率控制图

第三节　服务补救

一、服务失误及顾客对补救的期望

"服务补救"是酒店服务质量持续提升改进的重要措施，尽管这一概念较早被提出，但是由于服务质量问题的复杂性和顾客的异质性，服务补救的原理及其应用措施一直是理论和实践关注的焦点。

研究表明，在对产品和服务不满意的顾客中，只有4%会直接对公司讲；在96%的不抱怨的顾客中，25%有严重问题；4%抱怨的顾客比96%不抱怨的顾客更可能继续购买。如果问题得到解决，那些抱怨者会有60%会继续购买；如果尽快解决，这一比例会上升到95%；不满意的顾客将会把他们的经历告诉10~20人；抱怨被解决的顾客会向5个人讲他的经历。当然，这一研究成果是在互联网等信息技术尚未全面应用到顾客应用和顾客点评之前得出的，如果考虑这一因素，相应数值将会更高。

（一）服务失误类型

酒店服务失误有三种类型：服务传递系统的失误，对顾客需要和请求的反应失误，员工自发而多余的失误。服务传递系统的失误是指酒店提供服务的失误。以酒店为例，服务传递系统的失误包括随意取消顾客预订的客房、提供不新鲜的食品、客房环境不整洁等。对顾客需要和请求的反应失误是指酒店员工对个别顾客的需要和特别请求的不当反应造成的失误。员工自发而多余的失误是指顾客所不期望的事件和员工行为，它们既不是顾客通过请求提出来的，也不是服务传递系统的一部分。

（二）对服务失误顾客采取的行动

顾客对酒店服务失误可能采取的行动包括如下几种：

（1）采取公开形式的行动，包括向酒店（如前台、管理人员等）或第三方（如消费者协会、行业协会甚至民事/刑事法庭）投诉，或者采取法律措施寻求帮助或赔偿。

（2）采取私人形式的行动，包括"背叛"（转向其他服务提供商，造成客户流失），在媒体（如报纸及网络，如第三方点评网站）与自媒体（如个人微博、微信等）上发文，与亲朋的交流等。

（3）不采取行动。

（三）服务失误的评价过程

一旦出现服务失误，顾客期望能得到公平的补偿。对公平的诉求是服务失误后顾客最希望得到解决的问题。顾客希望获得公平的补偿，当没有获得充分的补偿，顾客的反应会是直接的、情绪化的和持久的。服务补偿是服务组织针对服务失误所采取的行动。服务补偿过程中感知公平的三个维度包括程序公平、互动公平和结果公平。

1. **程序公平**

程序公平与顾客寻求公平时必须依据的政策和规章有关。顾客期望公司承担责任,这是公平程序开始的关键,接着是便捷、迅速反应的补救流程。

2. **互动公平**

互动公平与向顾客提供服务补救并直接对顾客行为负责的公司员工有关。重要的是对失误作出解释并努力解决问题,补救的努力被认为是真实的、真诚的和礼貌的。

3. **结果公平**

结果公平与顾客因服务失误所遭受的损失和引起的不便有关。这不仅包括对服务失误进行补偿,还包括在服务补救过程中所花费的时间、努力和精力。

二、服务补救框架

服务补救包括三个阶段:补救前阶段、补救阶段、后续阶段,它们构成了服务补偿的框架,见图3-7。

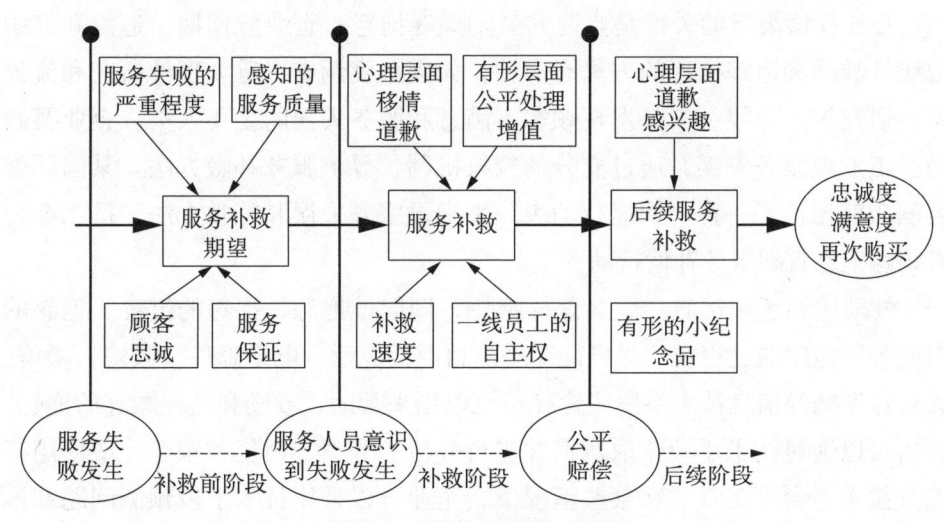

图 3-7　服务补救过程示意图

补救前阶段:该阶段关注顾客对服务补救的期望,包括提供服务承诺。

补救阶段:该阶段重在对一线员工在补偿方法上的训练、指导,使其能够对服务失误作出适当的响应。

后续阶段：该阶段通过后续服务补救，保留顾客忠诚并鼓励顾客再次光临。

三、服务补救策略

服务补救策略需要各种策略结合在一起综合发挥作用。

第一，避免服务失误。

避免服务失误，争取第一次把事情做对。第一次做对的核心是确保服务的可靠性，这是服务质量管理的基本原则，也是全面服务补偿策略的基础。提升服务可靠性的方法有：一是预防故障程序。这种方法最初是应用于组装生产线的质量控制手段，在服务业中它既可以应用在服务设施、设备等有形物中，也可以防止服务出现错误，确保企业遵循必要的程序并按照恰当的方式提供服务。二是加强员工培训，形成"零缺陷"文化，保证第一次把事情做对。在零缺陷的文化观下，每个员工都会理解可靠性的重要性，并通过各种措施让每个顾客都满意。

第二，欢迎并鼓励抱怨。

服务补偿策略的关键是欢迎并鼓励顾客抱怨，企业应预期、追踪和鼓励抱怨。鼓励和追踪抱怨的方法有多种，如满意度调查、重大事件研究和流失顾客研究等。一线员工是发现顾客不满意和服务失误的主要人员。企业要鼓励员工发现服务失误，通过充分的授权机制，寻求服务补救方法。某国际著名酒店就设计了一种"快速行动表"来记录服务失误和补救方法，员工会一直跟踪抱怨直到服务补偿行动发生。

鼓励抱怨还包括教会顾客怎样抱怨，即向谁抱怨、抱怨的过程、抱怨的内容等。抱怨的过程也应尽可能简单。目前的电话、电子邮件、微博、微信、大众点评网等信息技术手段或途径都可以用来帮助、鼓励和监控顾客的抱怨，酒店可以通过技术手段获取数据并进行分析、分类、回复和跟踪，或使用第三方技术平台来实现。在某些情况下，企业可以采用技术手段预测问题和抱怨的发生，甚至在员工发现问题前对问题进行诊断。例如，某智慧酒店的管理信息系统可以预测设备故障并将电子警报信号发送给该管理公司的技术部门，发送的内容包括问题的性质、需修理的零部件等。

第三,快速行动。

抱怨的顾客希望企业有快速的反应,这要求酒店具有适合快速行动的系统、程序以及经过授权的员工,包括一线员工关注和处理抱怨、授权员工、允许顾客自助服务。

第四,公平对待顾客。

酒店在进行服务补救时,需要公平对待每个顾客,这是有效服务补救必不可少的部分。顾客希望在互动公平、过程公平和结果公平等方面得到补救。

第五,从补偿经历中学习。

服务补救不仅有助于补救有缺陷的服务,也是酒店获取服务改进信息的重要来源。通过追踪服务补救过程,酒店管理者能够发现服务传递系统中需要改进的系统性问题。从补救经历中学习的做法是:积累服务补救资料,通过分类整理研究问题的共性,最后提出解决方案。

第六,从失去的顾客身上学习。

有效服务补偿的另一个重要方面是从失去的顾客身上学习。通过正式的市场调查、由专业人员进行深度访谈、网络点评等方式可以发现顾客离开的原因。

业界实践

华住酒店集团的服务补救之道

对于酒店这种服务性行业,由于出售产品的特殊性——难以绝对标准化的体验,和客人因人而异的喜好,客人对于服务的投诉往往在所难免。华住酒店集团是中国领先的酒店连锁品牌,在处理服务投诉方面,华住酒店集团采取了一系列有效的策略和方法,以确保维持高水平的顾客满意度和品牌形象。

1. 投诉渠道的便利性与多样性

官方网站与手机应用:顾客可以直接在华住酒店集团的官方网站或手机应用上找到"联系客服"或"投诉建议"的入口,填写相关信息并提交投诉。

酒店前台:顾客在入住期间,如有任何不满或投诉,可以直接前往酒店前台,与工作人员面对面沟通。

社交媒体与在线评价平台:华住酒店集团也积极关注各大社交媒体和在线评价平台,对于顾客在这些平台上发布的投诉或负面评价,酒店会及时回应并处理。

2. 积极响应与倾听

快速回复：酒店会在收到投诉后24小时内进行回复，向顾客表示关注并致以歉意。

详细记录：工作人员会详细记录顾客的投诉内容，包括问题的具体表现、发生的时间地点等，以便后续深入调查。

情感关怀：在处理投诉过程中，酒店会注重与顾客的情感沟通，通过温暖的语言和态度来缓解顾客的不满情绪。

3. 深入调查与分析

跨部门协作：酒店会组织前台、客房、餐饮等相关部门共同参与调查，确保从多个角度全面了解问题的真相。

数据分析：酒店会定期对投诉数据进行分类，如按照投诉类型（房间问题、服务问题、设施问题等）、投诉渠道、发生时间等进行分类。然后，对各类投诉进行统计，得出各类投诉的数量、占比等基本信息。另外通过分析各类投诉之间的关系，找出可能存在的关联性。例如，如果某一时间段的房间卫生问题投诉数量突然增加，酒店就需要关注是否与该时间段的客房清洁服务调整或人员变动有关。通过找出服务中的薄弱环节和常见问题，为后续的服务改进提供依据。

4. 个性化解决方案

灵活多变：根据投诉的具体内容和顾客的需求，酒店会制定个性化的解决方案。例如，对于房间卫生问题，酒店可能会提供换房或免费清洁服务；对于服务态度问题，酒店可能会对涉事员工进行培训和调整。

及时沟通：在制定解决方案的过程中，酒店会与顾客保持密切沟通，确保解决方案能够满足顾客的期望。

5. 迅速执行与跟进反馈

执行效率：一旦确定解决方案，酒店会迅速执行，确保顾客能够尽快感受到改进的效果。

后续跟进：在执行完解决方案后，酒店会主动联系顾客，了解顾客对处理结果的满意度和是否有其他需求。

6. 总结经验与持续改进

定期总结：酒店会定期对投诉处理情况进行总结，分析投诉的原因和解决方案的有效性。

培训与学习：针对投诉中反映出的服务问题，酒店会组织员工进行相关培训和学习，提升员工的服务意识和技能水平。

持续优化：酒店会根据投诉处理情况和市场变化，不断优化服务流程和标准，提升服务质量和顾客体验。

通过以上介绍，可以看出华住酒店集团在处理服务投诉方面所付出的努力和具备的专业性。这些策略和方法的实施不仅有助于提升顾客满意度和忠诚度，也有助于酒店品牌的长期发展和市场竞争力的提升。

资料来源：笔者据华住公众号相关文章整理。

思考题

1．如何理解服务差距模型？试举例说明。

2．服务持续改进的方法有哪些？

3．服务补救的基本过程是什么？试举例说明。

4．针对酒店网络点评中的差评，酒店如何进行服务补救？

5．从服务补救基本原理来看，华住酒店集团对客人投诉的处理有哪些值得借鉴的地方？

第四章 酒店服务质量的组织保障

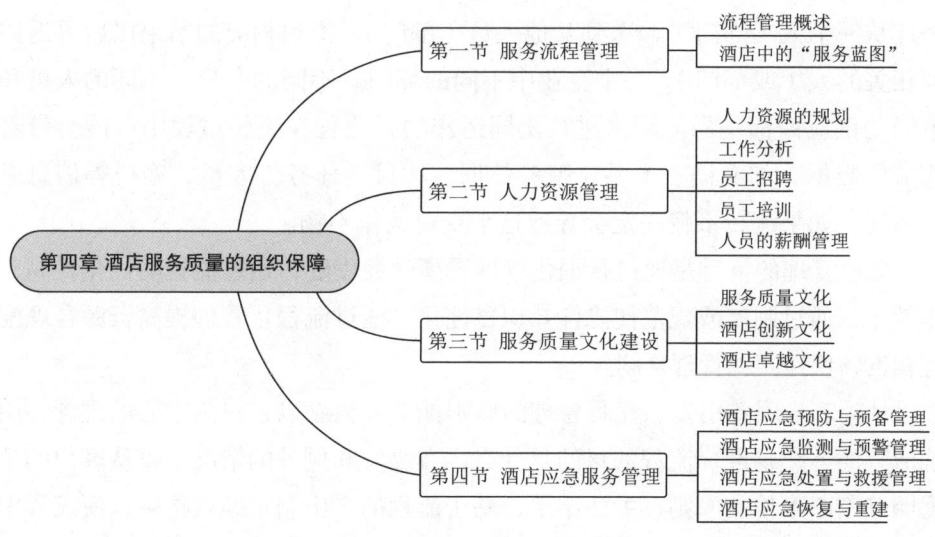

第一节 服务流程管理

一、流程管理概述

服务的一个基本属性就是流程或过程,顾客的体验就体现在接受服务的整个过程之中。因此,对服务的流程进行管理是保障顾客体验最大化的重要方面。同时,流程管理是组织管理中的重要方面,组织的形成、运转和控制都是由各种流程完成,如果将组织类比为身体,那么流程类似于血管和血液。

可见，流程管理是组织运转中的重要保障之一。

流程管理（Process Management），是一种以规范化的业务流程为中心，以持续地提高组织业务绩效为目的的系统化方法。它是一个操作性的定位描述，指的是流程分析、流程定义与重定义、资源分配、时间安排、流程质量与效率测评、流程优化等。因为流程管理是为了客户需求而设计的，因而这种流程会随着内外环境的变化而需要被优化。

流程管理的核心是流程，流程是任何企业运作的基础，企业所有的业务都是需要流程来驱动，就像人体的血脉。流程把相关的信息数据根据一定的条件从一个人（部门）输送到其他人员（部门），得到相应的结果以后再返回到相关的人（或部门）。一个企业中不同的部门、不同的客户、不同的人员和不同的供应商都是靠流程来进行协同运作的。流程在流转过程中可能会带着相应的数据，如文档、产品、财务数据、项目、任务、人员、客户等信息进行流转，如果流转不畅一定会导致这个企业运作不畅。

流程管理的宗旨是通过精细化管理提高受控程度，通过流程的优化提高工作效率，通过制度或规范使隐性知识显性化，通过流程化管理提高资源合理配置程度，快速实现管理复制。

从为客户服务出发，流程管理的原则如下：树立以客户为中心的理念，明确流程的客户是谁、流程的目的是什么；在突发和例外的情况下，从客户的角度明确判断事情的原则；关注结果，基于流程的产出制定绩效指标；使流程中的每个人具有共同目标，对客户和结果达成共识。

流程管理的目标是希望提高顾客满意度和公司的市场竞争能力并达到提高企业绩效的目的。依据企业的发展时期来决定流程改善的总体目标。在总体目标的指导下，再制定每类业务或单位流程的改善目标。

流程管理的目的在于使流程能够适应行业经营环境，能够体现先进实用的管理思想，能够借鉴标杆企业的做法，能够有效融入公司战略要素，能够引入跨部门的协调机制，使公司降低成本、缩减时间、提高质量、方便客户，提升综合竞争力。

二、酒店中的"服务蓝图"

流程管理在酒店中的基本体现是"服务蓝图"的使用。服务蓝图是一种基于流程图的服务设计工具，它将服务过程合理分块，再逐一描绘服务系统中的服务过程、接待顾客的地点以及服务要素，它是服务传递系统的形象化表示。服务蓝图包括如下几个部分：有形展示、顾客行为、前台接待员工行为、后台接待人员行为、支持行为与支持系统以及分界线。其中分界线分为如下类别：与顾客互动分界线，顾客与服务企业间（前台员工）互动的分界线；顾客可视分界线，分开顾客能看到的和看不到的服务；企业内部互动分界线，后台服务人员中用户服务与技术服务分界线（见图4-1）。

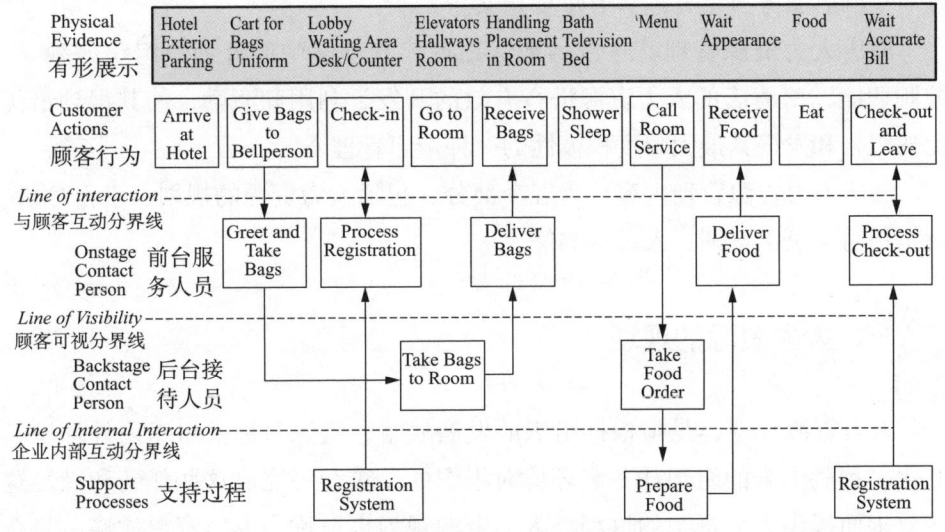

图4-1　高星级酒店服务蓝图

图4-1为高星级酒店的服务蓝图，从中可以看到几个重要的组成部分及其关系。服务蓝图清晰地描绘了整个服务过程，对服务流程的设计、管理、再造，具有形象化表示的作用。服务蓝图还可以用于服务关键时刻的把握，这些关键时刻包括如下几个点：决策点（D），需要员工判断、选择和决策的环节；失败点（F），易引起顾客不满的环节；顾客等待点（W），容易造成顾客长时间等待的环节；体验点（E），有可能增加或强化顾客美好感受的环节。

第二节 人力资源管理

随着我国第三产业的不断发展，对酒店管理的要求和标准不断提高，人们越来越意识到酒店管理中关键的因素和环节是人力资源管理。人力资源管理在酒店的管理中占据着重要的地位，人力资源管理的水平关系到酒店的整体质量和酒店的名誉，影响酒店服务质量的可持续发展。因此，人力资源管理对于酒店服务质量管理具有重要意义。

酒店人力资源管理就是恰当地运用现代管理学中的计划、组织、领导、控制职能，对酒店的人力资源进行有效的开发、利用和激励，使其得到最优化的组合和发挥其最大限度积极性的一种全面管理。

酒店人力资源管理内容分为五个部分，包括人力资源的规划、工作分析、员工招聘、员工培训、人员薪酬等。

一、人力资源的规划

人力资源规划，是指根据组织的发展战略、组织目标及组织内外环境的变化，预测未来的组织任务和环境对组织的要求，为完成这些任务和满足这些要求而提供人力资源的过程。人力资源规划也被称为人力资源战略，是企业战略层面考虑人力资源发展问题的重要内容。

二、工作分析

在酒店服务工作中，服务人员如果缺乏必要的服务常识，不清楚什么是酒店的期望以及如何做好服务工作等都会直接影响工作的效果。为了真正实现以"工作"为中心，因事设岗、以岗定编，达到人与事的最佳结合，需要通过工作分析来完成。

工作分析是指根据酒店工作的实际情况，对酒店各项工作的内容、特征、规范、要求、流程以及完成此工作所需员工的素质、知识、技能要求进行描述的过程，它是酒店人力资源管理的基础性工作。

工作分析的主要目的有两个：一是研究酒店中每个职位都在做什么工作，

包括工作性质、工作内容、工作责任、完成该项工作所需要的知识水平和技术能力以及工作条件和环境；二是明确这些职位对员工有什么具体的从业要求，包括对员工的自身素质、员工的技术水平、独立完成工作的能力和员工在工作中的自主权等方面的说明。

工作分析可以从如下几个方面搜集信息：

（1）工作名称和职位。这方面信息可以通过工作分类来获得。所谓工作分类就是以每一位酒店员工所承担的工作责任为依据，进行实际调查，并根据工作性质、繁简难易程度、责任轻重以及任职资格等四个方面确定工作名称并进行分类。

（2）员工需要付出的劳动。由于酒店工作性质和内容的不同，体力劳动和脑力劳动在各项工作中所占的比重不尽相同。因此，工作分析应该从脑力劳动和体力劳动两方面进行分析。

（3）工作将在什么时候完成。工作分析需要对完成工作的具体时间进行调查和计算，详细掌握工时和工作排班情况。

（4）工作将在哪里完成。这是指了解工作地点和物理环境方面的信息。如厨房的工作、客房的工作等工作地点的详细信息。

（5）员工如何完成此项工作。通过研究工作内容和性质，确定员工在完成一项工作时必须应该掌握的方法以及具体的操作步骤。

（6）为什么要完成此项工作。为了了解某项工作的重要性及其如何衔接的问题，也就是要掌握该项工作与上一个环节是如何联系的，对下一步工作有什么意义。

（7）完成工作需要哪些条件。主要包括：一是承担工作的员工应该具备的素质和技能；二是完成工作所需要的设备和工作支持，以及其他辅助性工作。

工作描述是工作分析结果的文字表达形式，是根据工作分析的结果编制而成的，它是有关工作的范围、目的、任务与责任的广泛说明，也是工作评估、员工招聘、人力资源开发以及工作行为鉴定的基础。高质量的工作描述，有助于员工清楚地了解酒店对其工作的预期与工作职责，而且有利于酒店管理者准确地掌握各项工作的完成进度。

工作描述的基本内容包括：

（1）工作标识信息。包括工作名称、部门、汇报关系和工作编号。

（2）工作分析日期。便于及时发现是否存在由于工作发生变化而工作描述却没有及时修订的情况。有的酒店还会注明有效日期，从而确保对工作内容定期检查，有效地减少工作描述与实际工作脱节的现象。

（3）工作概要。就是对工作的简要描述，用一段简短文字陈述工作内容，包括工作摘要、工作范围、工作条件和物理环境等。

（4）履行职责。这是工作概要的具体行为，包括动作描述、行动结果、工作汇报关系。如餐厅经理的职责是：把脏的碗碟负责移到洗碗区，协助服务员为客人服务，为客人送水及饮料，摆台与换台，保证各服务区的调味品供应等。

（5）工作环境。对员工工作环境的描述。

（6）工作要求指标。工作要求指标写明从事一项工作要求的资格，可以从培训、教育、技能、经验，以及智力、体力、个性特征中反映出来。

三、员工招聘

招聘，是指企业为了生存与发展的需要，根据人力资源规划和工作分析提出人员需求数量与任职资格要求，通过需求信息的发布来寻找、吸引那些有能力又有兴趣到本企业任职者，通过科学甄选从中选出适宜人员予以录用，并将他们安排到企业所需岗位的过程。

招聘环节作为企业人力资源管理工作的起点，其完成的质量优劣程度不仅对企业人力资源管理的其他模块是否有效进行产生直接的影响，而且就长远而言，企业员工招聘时时贯穿于企业日常管理工作中，其工作质量的好坏对维持企业的正常运行和可持续发展也有着长期性、根本性的影响。

（一）考察和选用员工的参考项目

1. 工作意愿

员工的工作意愿反映了员工个体是否具备"顾客导向"意识、努力为顾客服务的价值观和服务的自觉性与主动性。良好的工作意愿有助于克服服务过程中员工个体的角色冲突，从而提高顾客对酒店服务在有形性、可靠性和移情性等维度的体验与感知。

2. 服务技能

服务技能是酒店员工履行职责、完成服务所必须具备的知识和能力，是员工将酒店的愿景和目标通过自己的服务行为转化为顾客价值所应有的技能，酒店在考察应聘人员的服务技能时，应着重考察应聘人员的下述能力：

技术能力。考察应聘人员使用与酒店服务有关的程序、技术、知识和方法完成服务任务的能力。

人际技能。考察应聘人员理解内部员工之间工作协作、协同和与人共事的能力，以及理解顾客需求、实现与顾客良性互动的能力。

概念技能。考察应聘人员是否具有全局观念，认清为什么要做某事的能力，也就是洞察服务交互过程中各因素之间相互影响和作用以及作出应对措施的能力。

3. 合作能力

酒店的服务工作是团队工作，每一项服务都需要多部门、多岗位员工的密切配合才能有效地完成。从这个角度来说，酒店员工必须具备与团队中的同事合作共事的能力；同时酒店的每一项服务都是员工与顾客之间的一次交互过程，而交互质量在很大程度上取决于员工与顾客之间的合作程度。因此，就酒店内部而言，从一定程度上讲，员工的工作绩效取决于他与同事和上司有效的相处能力。对顾客而言，服务质量的好坏，也在很大程度上取决于员工与他们之间的交互合作程度。因此，员工的合作能力对保证酒店服务传递质量具有重要作用。

4. 沟通能力

良好的沟通能力是提供优质服务的前提。酒店的服务员工只有具备良好的沟通能力才能了解顾客需求，并在酒店内部传递顾客的需求信息。从某种意义上说，具有良好沟通意愿和沟通能力的员工，可以避免酒店内部和酒店与顾客之间因信息不对称而产生的服务传递问题，从而提高服务传递质量。

（二）招聘的渠道

招聘渠道包括内部招聘和外部招聘两种。通常而言，内部招聘的长处是外部招聘的不足，反之亦然。企业在实际工作中，往往采用两种招聘渠道相结合的方式，这样既可以发挥各自的长处，又可以弥补不足。下面就两种招聘渠道的优缺点作简单介绍，如表4-1所示。

表 4-1　招聘渠道的比较

渠道	优点	缺点
内部招聘	了解全面，准确性高 员工适应快 具有强烈的激励作用 成本相对较低	质量难以保证 容易造成内部矛盾 对失败员工打击性大 团结性弱
外部招聘	途径宽广，质量高 有利于创新思维的引进 有利于增强员工的动力	选择难，风险大 适应慢 成本相对较高 打击员工积极性

（三）招聘的发展趋势

传统招聘方式的主要特点是内容单一、琐碎，工具方法老套，缺乏创新性和挑战性。近年来，随着科学技术的不断创新以及国外先进方法的相继引进，新型的招聘方式如雨后春笋般涌出，并渐渐取代传统的招聘模式，呈现出新的发展趋势。

1. 招聘选拔工作的重要性越来越受到关注

人是企业赖以生存和可持续发展的必要因素，尤其在知识经济飞速发展的今天，人力资源的作用在企业中已大大超越了其他物质资源，人力资源管理也已成为企业各项管理工作的重中之重。随着科学技术的不断更新，人才已成为促进经济飞速发展、提高企业竞争水平的有力手段。近年来，各类企业组织之间的竞争大部分取决于企业现有人才的竞争，而人才的竞争在很大程度上由企业的招聘工作决定，而且企业招聘工作处理的完善程度直接影响着员工的培训、绩效考核等人力资源管理的其他方面。另外，企业招聘的宣传环节还决定着企业文化的宣传以及企业形象的良好树立。因此，招聘选拔工作越来越受到企业的关注和重视。

2. 招聘的工具和方法网络化，高端技术的应用越来越普遍

互联网及其技术的普及和不断发展进一步丰富了招聘的工具和方法，使招聘模式越来越趋于网络化、技术化。比如，在招聘的前期——人力资源规划和工作分析的建设过程中，由于计算机技术的应用，大大提高了其结果的科学性和准确性；在发布招聘信息时，通过互联网和计算机在人才资料库中搜索应征者，大幅度节约了时间，提高了工作效率；在人才测评过程中，计

算机的引进和普及也越来越得到关注。

3. 逐渐摆脱了部门局限性，得到各职能部门的支持

如何迅速招聘到恰当的人才以适应企业业务发展的需要，已不单单是企业人力资源部门需要面对的问题，换句话说，招聘工作的组织已逐渐摆脱了部门局限性，得到企业各职能部门的普遍支持和关注。因此，企业才能在全球范围内招募到适合的人才，才能在激烈的市场竞争环境中求得可持续发展。

4. 招聘工作与人才测评结合，应聘者的素质受到重视

中国从计划经济到市场经济的顺利转型，促使劳动力市场不断完善，这就要求各企业的人力资源管理部门更加注重企业人才的引进以及企业员工素质的培养，将企业的招聘环节与人才测评紧密相连，通过完善的招聘计划，确保提供充足的高素质的人才来实现企业的可持续发展。

5. 招聘选拔工作的渠道呈现多元化的趋势

20世纪90年代中期之前，企业的招聘渠道主要有内部选拔、户外张贴招聘启事等途径。随着经济和科学技术的不断发展，20世纪90年代中期之后，企业招聘渠道逐渐扩大，由户外张贴招聘启事发展到在报纸、杂志上刊登招聘广告，由内部推荐发展到举行大型的、专业性的招聘会，而且随着招聘媒介的不断更新和发展，企业也开始在电台、电视台上作招聘宣传。进入21世纪的知识经济时代以后，招聘工作经历了飞速的发展，新型的招聘渠道如雨后春笋般涌出。例如，互联网上的网络招聘、猎头公司、人事代理、招聘外包等。招聘渠道的多元化，首先要求企业人力资源部门对劳动力市场有着透彻的认识，其次要熟悉各种招聘渠道的特性，从而为企业的发展制定出行之有效的招聘策略。

四、员工培训

酒店服务质量和酒店员工的服务态度、服务技能、团队工作能力和沟通能力高度相关。因此，重视并加强对员工的培训，对于提高酒店服务质量至关重要。

（一）培训目的

1. 改变态度

培训是改变员工态度、增强员工责任感、调动员工积极性的一项重要措施，即所谓的"激励自主"。顾客服务需求的不断变化要求员工具备必需的服务技能和自信，而员工的服务技能和自信是需要长期的培训发展战略来保障的。培训作为更广泛的变革项目的一部分也是相当有价值的。当酒店因适应市场变化的需要进行一项重要的变革时，员工们往往会出于各种原因抵制变革所带来的变化。其中重要的一点是，因为员工感觉到服务创新所需要的服务技术或能力是自己所不具备的，或感觉到自己不能应对酒店变革带来的挑战。培训不仅简单地告诉员工"该怎么做"，而且包括阐述服务变革或创新的合理性，即"为什么这么做"。因此，通过培训改变员工态度可以为酒店的各项变革或服务创新的顺利推行涂上润滑剂。

2. 更新知识、发展能力

培训可以通过让员工理解服务新理念、运用服务新技术而发展新的服务能力，从而达到能力与需求、能力与技术的匹配。员工培训对提高员工素质的另一层面的更重要的意义，在于它具有相当大的潜在作用。培训可以作为一种激励手段——人们很看重学习新知识、新技术和掌握新本领，同时也会感到作为组织的一员受到重视，并因此激发出更高的工作热情。

3. 传递业内信息

员工培训为相关信息的传递和交流提供了渠道。信息渠道的建立和畅通，为了解顾客需求、掌握服务需求动态、改善服务质量和提高服务水平以及促进顾客满意提供了条件。

（二）培训内容

1. 工作技能培训

对员工进行相关工作、相关岗位的业务、操作知识和技能、语言能力等方面的培训。

2. 人际技能培训

对酒店员工进行主要包括对内对外两个方面的人际关系技能的培训。前者教育员工善于处理与同事之间、上下级之间和各部门之间的人际关系，以创造和谐融洽的人际环境与工作气氛，培养团队精神和通力协作的工作能力；后者主要训练员工处理与顾客关系的技巧。

3. 思维技能培训

主要培训员工的思维抽象能力、服务策划能力、服务组织能力、理解能力、独立工作能力和服务创新能力。[①]

（三）培训方式

酒店员工培训方式分为岗前培训、在岗培训和工作模拟训练等形式。酒店既可以自行为员工开展培训，也可以外聘专业机构为员工进行培训。很多小型单体酒店无法设立专门的培训部门，往往会聘请咨询公司或专门培训机构为员工提供培训。有的酒店会聘请外部培训机构为酒店量身设计专门的培训项目。如果酒店仅有少量员工需要接受高层次培训，往往会派这些员工出去学习。

大型企业会设立专门的培训部门。凯悦、万豪、麦当劳、假日、迪士尼等都设有培训部门。有的企业还建立了自己的"大学"。例如，麦当劳的汉堡大学、美国运通公司的质量大学。有的公司会设立"虚拟大学"，可以随时将"大学"搬迁到需要培训的任何地方。假日集团就非常成功地运用了这种虚拟的教育策略。该公司1990年关闭了孟菲斯校区之后，设立了16个培训团队，每个培训团队配有特制的汽车、电脑以及培训所需要的所有资料，前往集团的各个酒店开展培训。

（四）培训成本

培训的成本是培训方式选择的关键因素。需要接受培训的员工的数量、分布地点、需要掌握的技能水平等都会影响培训所需要的成本。

此外，员工流失率也是酒店在计算培训成本时不得不考虑的问题。如果一家酒店有1000名员工，每年流失率为200%，另一家酒店有2万名员工，但员工流失率为10%，那么这两家所需要的新员工基本技能的培训量基本相同。同时员工对技能的掌握水平和不满意顾客的流失成本均会影响培训成本。

（五）培训效果的评估

酒店可以通过以下四种方法来评估培训的效果：（1）员工的反馈；（2）员工对培训内容的掌握程度；（3）接受培训后，学员的工作行为是否发

[①] 张玉玲. 现代酒店服务质量管理[M]. 北京：北京大学出版社，2009：148-154.

生改变;(4)培训后组织的业绩是否有所提高。[1]

五、人员的薪酬管理

薪酬就是员工从事某项酒店所需要的工作,从而得到的货币形式和非货币形式所表现的补偿,是酒店支付给员工的劳动报酬。薪酬水平的变动,可以将酒店的组织目标和管理者的意图及时、有效地传递给员工,促使员工的个人行为与组织目标一致。因此,薪酬作为酒店人力资源管理的重要方式,可以用来评价员工的工作绩效,促进其工作效率,提高其服务质量,对员工的工作积极性可以起到保护和激励的作用。

酒店薪酬体系通常包括基本薪酬、奖励薪酬、附加薪酬和员工福利四部分。

(一)基本薪酬

基本薪酬也称标准薪酬或基础薪酬,是以员工的工作熟练程度、复杂程度、责任大小以及劳动强度为基础,按照员工实际完成的劳动定额或工作时间的劳动消耗而计付的劳动报酬。基本薪酬是确定其他劳动报酬和福利待遇的基础,具有相对稳定性。

(二)奖励薪酬

奖励薪酬就是奖金,是酒店和管理者为奖励员工的超额劳动部分或劳动绩效突出部分而支付的奖励性报酬。其目的是鼓励员工提高劳动效率和工作质量,所以也称为"效率薪金"。与基本薪酬相比,奖金具有非常规性、非普遍性和浮动性的特点。

(三)附加薪酬

指津贴,是酒店对员工在特殊劳动条件下所付出的额外劳动消耗和生活费开支的一种物质补偿形式。如在夏季,酒店会发给洗衣房员工和室外工作的员工高温津贴。这样有助于吸引员工从事一些脏、苦、累的工作。

---

[1] 王书翠,余杨. 酒店服务质量管理[M]. 北京:中国旅游出版社,2013:78-81.

（四）员工福利

酒店为吸引员工或维持人员稳定而支付的作为基本薪酬的补充项目，如午餐费、员工制服、带薪年假等。①

业界实践

万豪的"以人为本"②

万豪掌门人小比尔·马里奥特在《毫无保留——一句承诺成就万豪传奇》一书中，对万豪成功之道中的人力资源管理问题进行了详细介绍。

万豪的基本理念或核心价值观是：以人为本、追求卓越、勇于创新、诚实正直和感恩回报。其中，以人为本排在第一位，其基本理念就是，"关心员工，然后他们才会尽心照顾好你的顾客"。万豪多年来一直致力于推进以员工为导向的项目，希望借此提高员工的自主性，改变他们的工作态度，处理好工作和家庭的关系。主要包括如下几个方面的内容。

第一，培训是万豪人的共识。万豪人知道，公司愿意为员工的技能和知识培训进行投资，目的就是为了让他们在工作中变得更加自信，并获得晋升机会。如在早期经营"Hot Shppes"时，所有的经理和主管都要接受老资历的专家级同事的培训，学习如何煎汉堡包、制作沙拉。如果某位经理没有通过同事的严格标准检测，他就不能毕业，直到他的技能提升为止。多年来，万豪都会送首席财务官和其他非酒店运营类管理人员去公司的食品学校学些实际动手经验，因为产品和服务才是万豪的根本。马里奥特认为，"年轻员工一定要参加繁重的体力劳动培训，因为万豪的许多工作都需要这些技能。每次和那些打算进入酒店业的学生交谈，我都会强调一线经验的重要性，决不能只关注报表中的数字。有些学生毕业之后以为能带着在学校检验合格的知识直接进入管理层，但是如果你不了解生意、不了解公司业务的实际操作方式，就很难弄懂为什么这家酒店或餐厅会战胜其他同行，也不会明白公司业务的真实成本是多少"。

第二，万豪投资较多于员工的"工作生活项目"。马里奥特认为，"万豪并不

---

① 蒋丁新. 饭店管理[M]. 北京：高等教育出版社，2010：43-49.
② 小比尔·马里奥特，凯蒂·安·布朗. 毫无保留——一句承诺成就万豪传奇[M]. 陈磊，译. 杭州：浙江人民出版社，2016：15-23，50-52.

是唯一一家认识到现代生活正变得越来越复杂的大企业,但我相信,在采取措施帮助员工应对生活挑战方面,我们走在前列"。万豪认为,保证员工在工作中的健康和安全是首要任务。2010年,万豪发起了"万豪关爱——每日健康选择"项目,目的是帮助员工减轻压力、增进健康。2011年又在美国公司中开展"按照我们的核心价值观生活/按照黄金标准生活"项目并扩展至亚洲。这些倡议将帮助员工获得健康美满的生活,提高他们的归属感和工作热情。

第三,万豪还有一项长期传统式承诺为员工提供内部的晋升机会。30年前,公司所有的新晋经理中大约有1/3的人之前是小时工。今天这个比例增长到了1/2。马里奥特认为,"我们公司的高明之处就在于能将所有雇员都当成经理来对待。我不能确定公司是否已经到了这一步——毕竟每一个组织既需要领导者,又需要被领导者,但我认为他说的还是有道理的。我们相信,只要有想法,任何员工都具备获得晋升的能力。相比一纸文凭,我们从来都更看重天赋、苦干和奉献精神"。

另外,万豪还会举行相应的活动来表彰员工所作出的贡献,以此来传递对员工的重视。1996年设立了万豪员工答谢日,希望在这一天可以提醒全球的万豪人共同属于同一个集体。这一天,举行派对和竞赛活动,颁发特别奖,切实表达公司感谢之情。还会举办一个特别仪式,颁发万豪卓越大奖,表彰那些在工作中付出额外努力的员工。这个奖项不限部门,即使是前台接待员、货车司机、面包师、管家、宴会助理等都有可能获此殊荣。和整个公司范围内的表彰奖同等重要甚至更为关键的是,要将对员工的表彰贯彻到日常工作中去。庆祝员工的成功应成为每一位经理的第一要务。

第三节　服务质量文化建设

一、服务质量文化

(一)服务质量文化的定义及其作用

服务质量文化是以顾客为中心,以服务为导向,并有指导员工的清晰的远景和目标的组织文化。在质量文化的氛围中，成员积极地学习并常常产生大量的反馈，都会帮助团队成员不断地改进服务过程和业绩。在服务质量文化中，员工被充分地信任和授权。服务质量文化给每个员工机会，使员工在工作中体会成就感。

酒店良好的服务质量文化，可以巩固优质服务和顾客导向。在这种文化氛围中，顾客可以看到员工的态度、行为和业绩，所体验到的服务过程就会优于其预期的效果。

（二）服务质量文化的构成要素

以顾客为中心、以服务为导向的质量文化构成要素如下：

1. 以顾客为中心的远景和目标导向

顾客是企业存在的基础，企业应该把顾客的要求放在第一位。因此，酒店要明确目标市场和市场定位，争取满足目标市场的服务需求，超越顾客的期望。酒店还要有清晰的远景，这样员工个人和服务团队就可以建立指向远景的长期和短期目标，从而为实现目标而努力。

2. 授权

授权于员工去做任何对于满足顾客需求来说是必要的事，让员工自己解决他们在与顾客接触过程中的每个问题。一线服务人员被赋予直接决定接受或拒绝顾客提出的要求的权力，可使服务员工在服务工作中独立了解如何高质量地提供有价值的服务，从而提高服务质量水平。

3. 消除恐惧

酒店应营造一种鼓励尝试、允许失败、有利于激发服务创新的文化氛围和工作环境。在这种氛围和环境中，员工在得到充分授权的情况下，可以充分发挥他们服务顾客、满足顾客要求的主观能动性和工作积极性。

4. 关心员工

只有满意的员工才会有满意的顾客。酒店管理者应该把员工也当作顾客一样来对待，倾听员工心声，了解和满足员工需求，解决员工工作生活的实际困难，以解除后顾之忧，让他们能心情愉悦地投身到对顾客的服务之中。

5. 大量反馈

酒店应建立及时有效沟通的通道与方式，为顾客提供更多反馈意见的机会，并及时将这些意见反馈给员工，以建立起有效的服务过程协调机制、质量监督机制，鼓励员工感受顾客需求并尽快作出反应；建立完善的员工工作反馈机制、业绩评价与考核反馈机制、薪酬与福利分配反馈机制和奖惩反馈机制，以激励员工以主人翁的姿态融入酒店的愿景和目标，提高他们的工作主动性和积极性。

二、酒店创新文化

（一）企业文化与企业创新文化的定义

企业文化是在进行经济活动中形成的组织文化。它是组织成员在价值观念、行为准则等意识形态所达成的共同认识。企业文化有广义和狭义之分，广义的企业文化是指物质文化、行为文化、制度文化、精神文化，狭义的企业文化包括以企业价值观为核心的企业意识形态。清华大学教授张德研究指出，企业文化是企业员工在企业发展历程中逐渐形成，并共同遵守的最高目标、价值标准、基本信念及行为规范。黎群教授从文化人类学角度理解企业文化概念，认为企业文化就是受企业经济活动及社会文化系统制约的、与其子系统文化互相影响的、由企业生产经营人员共同创造的物质文化、精神文化、行为文化和制度文化等构成的复合体。可见，企业文化是企业员工在长期的生产经营过程中所形成的具有本企业特色的精神财富和物质形态的总和。

企业创新文化要求企业员工在工作中不断创新，同时要求企业管理层在管理中不断创新，并且以宽容、支持的态度去鼓励创新；它能使企业产生创新思想、创新行为和创新活动。因此，我们认为企业创新文化是企业在复杂社会环境中进行生产经营活动时产生的，能够对快速发展和变化的市场环境作出迅速的反应，是企业结合自身实际情况和发展条件，形成与本企业相适应的、引导和激励企业员工进行创新活动的新型企业文化。

（二）酒店创新文化的研究对象

1. 酒店创新环境文化

酒店创新环境文化是指酒店所面临的现实外部环境。主要包括宏观创新环境文化和微观创新环境文化。

酒店宏观创新环境文化是指国家鼓励企业创新的政策、社会教育体系、有利于创新的市场环境、先进的科学技术、激励创新的文化传统和公共环境等因素状况。

相对于宏观创新环境来说,酒店微观创新环境起的是决定性的作用。酒店微观创新环境是指酒店的所有权性质、经营战略、发展历史、文化传统以及有利于创新的工作环境。

2. **酒店创新精神文化**

酒店创新精神文化是酒店创新文化的核心,它包括具有酒店创新特征的意识形态和文化观念。它是比酒店创新物质文化和酒店创新行为文化更为深层次的文化现象,包括创新价值观、创新精神、社会责任、企业使命等内容。

3. **酒店创新制度文化**

酒店创新制度文化是适应企业创新精神、创新价值观等的企业规章、制度及组织结构等,一般是在企业进行生产经营活动过程中形成的。它主要包括人事创新制度、生产管理创新制度、经营创新制度等三个方面内容。其中,人事管理制度主要包括创新人才的录用和创新激励制度等内容;生产管理创新制度包括促进质量系统创新的制度、科学的成本控制系统等方面;经营创新制度包括有利于提高企业经营业绩的考核制度、工资制度、销售服务制度和监督制度等方面内容。

4. **酒店创新行为文化**

酒店创新行为文化是酒店创新文化的一种外在表现形式,它是酒店员工在生产经营管理中进行创新的活动文化,它主要由企业家的创新行为、酒店中层员工创新行为、酒店普通员工群体创新行为构成。在酒店创新行为文化中,领导者的创新行为在酒店中起着至关重要的作用,对酒店创新文化的形成具有引导和模范作用。

5. **酒店创新物质文化**

酒店创新物质文化是由酒店员工在生产经营活动中所需要的产品和各种物质设施所构成的器物文化,主要包括创新的产品、创新的设备设施等。

(三)酒店创新文化的作用

从根本上讲,酒店创新文化是一种以人为本、以创新为导向的企业管理方式,它有四个基本作用:创新导向功能、创新约束功能、创新凝聚功能和创新激励功能。正是这种以人为本、以精神为导向的柔性管理,在满足人们创新精神需要的同时,使作为万物之灵的人有了灵魂。

1. 酒店创新文化具有创新导向作用

酒店创新文化对企业的领导者和员工的思想和行为起到引导作用。赋予员工创新的价值观,给他们提供科学的生产经营方式方法,使之行为符合企业所确定的创新目标。

具体表现在以下两个方面。

(1) 对酒店创新价值观和经营哲学的指导

企业价值观规定了酒店整体的价值取向,使员工对事物的评价达成一致,有着共同的创新目标。企业创新价值观使员工树立创新的思想,使员工自发地去遵从,使个人意愿和企业愿景达成一致,对企业成员个体的思想起导向作用;经营哲学决定酒店如何经营的根本观点、根本看法和根本思维方式,是对酒店全部行为的根本指导。这些根本思维方式帮助员工进行正确的决策和采用科学的方法从事创新活动,对员工的行为起导向作用。

(2) 对酒店创新目标的指引

酒店创新目标是酒店进行创新活动的风向标,对酒店的生产经营活动具有指引意义。在酒店创新文化的指导下,酒店从自身实际出发,去制定符合企业情况的创新目标。这种目标具有可行性和实用性。

2. 酒店创新文化具有约束作用

酒店创新通过企业的创新文化氛围、创新管理制度和道德规范等去约束、规范、调节员工的个体思想和行为。酒店创新文化的约束作用重点不是在制度的硬性约束上,而是一种企业内部的软性约束。在一种特定的文化氛围中,人们由于合乎特定准则的行为受到承认和赞扬而获得心理上的平衡与满足;相反,则会产生失落感和挫折感。因此,作为组织的一员往往会自觉地服从那些根据全体成员根本利益而确定的行为准则,产生"从众"行为。这就是企业文化规范(约束)功能的依据所在。酒店创新文化对员工约束作用体现在员工生产经营的各个方面,如技术创新过程中,具有群体意识的强大的创新精神文化和激励机制使员工产生心理共鸣,进行自我调整,思考应不应当做、应该怎么去做的问题,使员工规范自己的行为,有序地进行技术创新活动。

3. 酒店创新文化具有凝聚作用

酒店员工在认识并认同了酒店创新文化后，就会朝着创新目标奋进，同时在创新过程中产生巨大的向心力和凝聚力。酒店创新文化强调以人为主要内容，围绕人进行一切活动，尊重员工的思想感情，从而进一步凝聚员工的战斗力和创造力。酒店共同的价值观形成共同的企业目标和愿景，员工把酒店看成与自身息息相关的命运共同体，把本职工作看成是实现企业目标的重要组成部分。

4. 酒店创新文化具有激励创新的作用

激励作用，是指酒店创新文化对酒店员工所产生的激发、动员、鼓舞、推动的作用。酒店创新文化把尊重人、信任人、发展人作为主要内容，实现对人的发展和管理。它对人的激励表现为一种内在的牵引，通过在员工心中树立创新精神，使创新的理念深入员工的心底，形成强烈使命感，激励员工自觉地、自主地进行创新活动，进而来对企业的发展形成驱动能力。①

三、酒店卓越文化

（一）卓越文化概述

"卓越"一词典出《晋书·华谭传》，本意为才学出众、超越同辈，而其含义则不止于此。卓，意为"高远""高超"；越，意为"超出"。"卓越"就是在更高的境界追求超越，体现的是追求第一、超越时代的精神。随着当今社会企业文化建设被越来越多的企业所关注，卓越文化也被赋予了新的内涵。

从酒店的角度看，如果说企业文化是人本管理理论的最高层次，是酒店在中长期形成的共同的理想、基本价值观、作风、生活习惯和行为规范的总称，也是酒店在经营管理过程中创造的具有本企业特色的精神财富的总和，那么，酒店的卓越文化就是能够对企业员工产生感召力和凝聚力，能把人的兴趣、思想意识、观念、需要和目的以及由此而产生的行为统一起来的企业文化。因此，尽管"卓越"的表征含义是至精至高的，但是对于酒店员工来说，还是要以实事求是为前提。作为酒店里的一名员工，不论从事哪个部门

---

① 王婧. 基于企业核心竞争力的企业创新文化研究[D]. 成都：西华大学，2013.

哪个岗位的工作，都能够全方位、多角度地去思考和认真地对待每个服务工作中的细节，踏踏实实干好每一项工作，那就是优秀的员工。所有优秀员工的智慧和能动力凝结在一起，就是对"卓越"文化的最好诠释。

（二）酒店追求卓越文化的做法

酒店追求卓越文化的基本做法如下：

第一，从转变员工思想观念入手，为卓越文化的孕育提供土壤。从古至今，人是创造、发展的根源和动力，追求卓越必须以人为本，要摒弃"见物不见人""以物为本"的发展观。只有酒店中每一名员工的潜能真正得以激发出来，在客房、前台、餐饮、会议、安保、人力、营销与市场等各项工作中，自觉将"要我干"的思想转变成"我要干"的行动，发自内心愿意为酒店奉献，也就是当前商业管理界较为流行的"赋能"做法，酒店的发展方向才能达到科学、和谐、有序的目标。

酒店员工在被酒店所认可的同时，会产生个人的成就感和归属感，他们会把酒店看成自己的家，把自己融入酒店的团队之中，通过加强沟通与联系，紧紧地围绕一个目标，共同凝聚在一起，以先进的思维模式和规范的行为模式去工作，从而体现酒店的整体凝聚力。有了这一目标做前提，员工就会不断产生"超越自我，追求卓越"的想法，酒店卓越文化的实现就会拥有取之不竭的动力源泉。

第二，强化员工整体素质的提升，为卓越文化的生长提供养分。在当今酒店业中，卓越文化的持续推进仅仅依靠员工积极进取的思想意识是不够的，他们也需要酒店为其不断学习和不断提高创造条件。一个追求卓越的酒店，一支优良的团队的作用，远远要比拥有几个精英高出许多。因此，结合酒店的实际，对员工进行定期和不定期的技能培训，让员工不断接受新技术、新知识的培训，通过培训让员工知道企业需要什么，要朝着哪个方向发展都是非常有必要的。

第三，向卓越企业学习。卓越文化造就卓越企业。以我国知名企业海尔为例，它把追求产品质量的零缺陷作为追求卓越经营业绩的基础。海尔在创建初期就通过用大锤砸毁76台有质量缺陷但"还可以用"的冰箱这一事件。砸出了员工"对产品质量的尊重就是对消费者的尊重、对自己的尊重"的质量意识。此后，海尔进一步提出了质量理念——"优秀的产品是优秀的人干出来的""有缺陷的产品就是废品""高标准、精细化、零缺陷";提出了质量方针——"提供有全球竞争力的产品,最大限度地满足顾客和相关方的需求,成为世界名牌";提出了"第一次做好就是最佳质量成本""绝不从我手中放过一个缺陷"等质量信条。这表明海尔成功秘诀之一是以世界级质量水平为标准和目标。与海尔等制造业企业相比,我国酒店业的卓越文化建设还比较欠缺,这方面可以学习国际酒店管理公司的成熟做法,如万豪酒店集团、香格里拉集团等。

第四节 酒店应急服务管理

席卷全球的新冠疫情给全球酒店行业带来了前所未有的冲击和挑战。酒店需要重新将应急服务管理作为酒店工作重点之一。酒店的应急服务管理体系不仅关乎酒店的日常运营,更成为决定酒店质量的关键因素。

酒店应急服务管理是指酒店安全问题演变为突发事件或危机事件时酒店可以采取的各类紧急应对措施。酒店应急服务管理的职能任务包括了应急预防与预备应急监测和预警、应急处置与救援、应急恢复与重建等阶段性任务[1]。

一、酒店应急预防与预备管理

酒店应急预防与预备管理是酒店为了防范突发事件的发生发展所开展的预防性工作。主要包括酒店企业的安全准入和酒店员工的安全准入。

(一)酒店安全准入原则

1. 确保酒店建筑物安全

酒店建筑物作为酒店运营的载体,是一切安全的基础。酒店建筑物安全在其立项、审批和设计等环节就要开始关注安全问题。在酒店建设期间,其

---

[1] 陈岩英,谢朝武. 酒店经营管理新论[M]. 北京:中国旅游出版社,2015:170-172.

规划设计、抗震级数、施工安全均应符合国家安全生产标准。

2. 注册登记部门严格把好第一关

相关工商行政部门应与消防部门、卫生部门密切合作，在确保酒店的安全设施设备、卫生状况符合条件后，再准予注册登记。

（二）酒店员工的安全准入

酒店员工是酒店组织保障的重要组成部分，其健康状况、安全知识和安全技能都关系着酒店顾客的安全服务。酒店员工的安全准入原则包括：

1. 员工健康准入

酒店员工必须具有服务行业从业人员健康证，根据《食品安全法》和《公共场所卫生管理条例》等法规规定，从事食品生产经营、公共场所服务等五大行业的相关人员必须拥有健康证，且一年进行一次健康检查，这在很大程度上保护了酒店从业人员和酒店顾客的健康和安全。

2. 员工技能准入

招聘录用员工时，需对员工的安全素质进行综合考察，做到宁缺毋滥。定期对员工进行安全知识和安全技能的培训，促使其能有效预防并消除安全事故。即使安全事故是由不可抗力产生，掌握安全技能的员工也可在危急状况下妥善处理安全事故，降低安全事故带来的损失。

3. 职业资格证书准入

职业资格证书是按照国家制定的职业技能标准或任职资格条件，通过政府认定的考核鉴定机构，对劳动者的技能水平或职业资格进行客观公正、科学规范的评价和鉴定。如酒店的电工维修岗位，需持有地方政府安全生产监督管理局颁发的电工操作证方能上岗。

二、酒店应急监测与预警管理

酒店应急监测与预警管理是酒店应急服务管理体系中的重要环节，旨在及时发现潜在风险并采取相应的预防措施，以确保酒店的安全和正常运营。

酒店是由多种空间场所构成的消费体系，客房场所、餐饮场所、康乐场所等服务场所的运作与行为规律不尽相同。同时客房等场所具有隐私性，厨房、锅炉房、电机房等场所放置较大或大型设备设施等，这些因素使得酒店不同场所放置不同的风险因素，要求酒店加强各类场所的风险识别、排查、备案和监测，明确薄弱环节和重点环节。

在进行风险识别和监测时，要注意从人员因素、设施设备因素、环境因素、管理因素等风险来源进行系统分析。酒店应建立风险信息数据系统，建立酒店与社区气象、公安等部门间的信息交流与情报合作机制。对监测搜集的各类风险信息要及时进行分析和评价，预测风险可能的变化发展趋势，为酒店突发事件的预警工作提供基础。当酒店即将或已经发生突发事件时，酒店应该立即按照预案的要求进行通知和预警处置，降低顾客和酒店遭受突发事件的不良影响。

三、酒店应急处置与救援管理

当发生突发事件时，酒店应该按照《突发事件应对法》《旅游法》等法律法规的要求开展应急处置工作，立即履行信息上报义务并开展紧急处置工作。通常，酒店针对各类突发事件都设置有对应预案，此时，酒店应该立即启动店内警报，成立应急管理小组，启动应急管理预案，调遣酒店应急救援队伍开展初期的应急处置工作，比如初期灭火、客人初期急救、疏散客人等。此时，对受伤害的顾客或员工进行救援是最重要的工作，必须作为重中之重来予以处置。

发生较严重的突发事件时，酒店应该积极借助公安、消防、医疗等专业部门的专业力量开展应急处置工作。当然，酒店突发事件的发生会给酒店的经营管理造成重大影响，因此酒店应该针对不良影响进行处置和管控，包括在酒店内部形成事件处置的共识、避免小道消息在酒店内外扩散、通过酒店公开渠道发布正式的新闻信息、针对不良信息进行公关干预，降低突发事件给酒店的形象造成不良影响的损害程度。

四、酒店应急恢复与重建

酒店应急恢复与重建主要包括妥善处理酒店安全事故遗留问题、查明事故原因、抚慰酒店顾客情绪并给予精神和物质方面的补偿等一系列积极措施，为酒店顾客提供全方位的善后服务、维护酒店的可持续形象。[①]

（一）妥善处理酒店安全事故遗留问题

安抚酒店顾客情绪、主动慰问探视、积极协调与顾客的关系。酒店安全事故危及酒店顾客人、财、物的安全，易引发酒店顾客不满与愤怒甚至是投诉，事故发生后强调安抚顾客激动情绪，缓解酒店与顾客之间的矛盾，重建酒店与顾客间的良好关系。对于酒店安全事故致伤者，应积极前往医院探视，支付合理医疗费用；对于酒店安全事故致死者，应妥善处理好死者的安葬与家属抚恤工作。

（二）查明事故原因

配合公安部门等主管机构查清酒店安全事故原因，给酒店顾客一个说法。配合相关部门调查酒店安全事故原因，查明事故真相，让酒店顾客了解安全事故始末，感受酒店对此事的重视程度与诚意，缓和冲突对立局面。

（三）根据酒店责任酌情补偿

酒店安全事故迫使酒店顾客的人身、财产等受到一定程度损害，酒店待查明事故原因后，需根据自身的责任分担情况给予顾客精神或物质上的补偿，尽量争取顾客获得满意的善后结果。

思考题

1．在信息技术时代，如何将服务蓝图与酒店服务质量管理有机结合？

2．酒店人力资源管理和企业文化建设如何保障与支撑酒店服务质量管理的展开？

3．酒店培育何种企业文化氛围，可以促进服务质量的持续改进？

4．对于突发危机，酒店如何建设应急管理体系？

---

① 谢朝武，张翠．面向酒店顾客的安全服务体系构建研究[J]．华侨大学学报（哲学社会科学版），2012（04）：37-44．

第五章　酒店数智化与服务质量管理

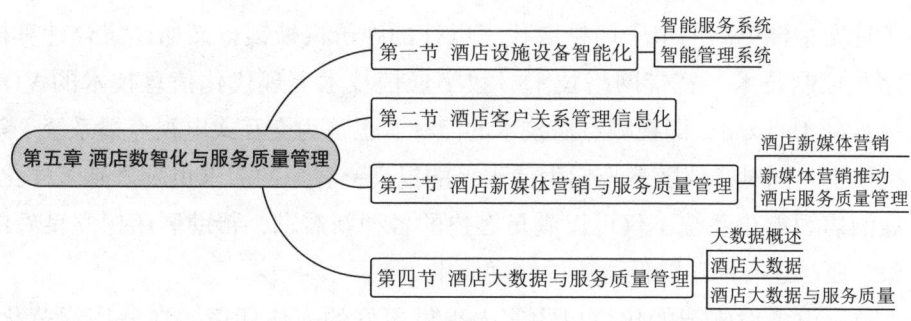

在数字经济大背景下，以数字化、人工智能为主的科技已成为酒店业发展和扩张的直接驱动力，高新技术以前所未有的速度和广度应用于现代酒店服务业，继而产生了全面而深入的影响。"智慧旅游""数字文旅""智慧酒店""无接触服务""数智化服务""数字化营销"等新兴理念，对酒店的数字化、智能化转型升级提供了战略性的新思路与新举措。酒店数智化主要包括酒店设备设施的智能化、酒店营销的数字化、酒店运营与服务管理的数智化，酒店数智化将成为数字经济时代背景下我国酒店业提升服务质量的重要突破口。酒店数智化发展趋势主要是：一是使酒店管理者、决策者及时准确地掌握酒店经营各个环节的信息，二是为酒店业节省运营成本、提高运营质量和管理效率，三是直接面对顾客提供信息化服务。

第一节　酒店设备设施智能化

酒店服务质量由硬件设备质量、软件服务质量两方面构成。而酒店服务的需求特征中，舒适性与愉悦性就依赖于设施齐全、功能完善、设备完好等硬件方面的基础条件。

随着信息技术的快速发展，电子化、智能化、网络化的先进设备设施开始在现代化酒店内应用。例如，磁卡锁、IC卡锁、感应卡锁、指纹触摸锁等各种安全性更高的电子门锁取代了以往的弹子机械锁；又如，集合计算机存储与控制技术、宽带网络技术、数字通信技术等现代化信息技术的VOD（Video on Demand，即视频点播技术的简称，也称为交互式电视点播系统）等广泛使用。同时，伴随着人们生活水平的提高，客户的需求也越来越多样化，发展酒店智能化系统不仅可以满足客户的各种新需求，帮助酒店树立良好的形象，而且还有助于降低酒店的管理成本。

酒店设备设施智能化可以为客人提供更好的入住环境，在酒店规范化、标准化服务生产的基础上实现对客人的个性化服务。例如，体温感应器可以感测客人身体的温度，然后调节酒店客房的温度；情绪感应器可以感测客人的情绪，然后根据客人的情绪来播放歌曲。酒店通过这些智能化的设备为客人带来更方便、更快捷、更高效的服务和更好、更贴心的体验。

一、智能服务系统[①]

（一）智能保险箱

智能保险箱将智能卡技术、微电子技术、电磁技术和机械制造技术有机地融为一体，是高科技的结晶。它有密码、IC卡、TM卡、液晶显示等多种规格，其钥匙都采用与开门卡一样的智能卡，安全性高、管理方便，而且可以与房间智能控制器、门锁一起联网到中央监控系统，一旦遭到非法侵犯会自动报警。客人退房时，前台甚至可以看到保险箱开关状态，提醒客人注意

---

① 刘伟. 酒店管理[M]. 北京：中国人民大学出版社，2016：425–426.

保管好钱物，真正体现影子服务。

（二）智能数码电视

万豪国际集团宣布旗下酒店在其客房及酒廊将安装纯平数码高清晰度电视机（HDTV），预计在未来几年内将安装 5 万台。该电视机有一个独特设计：带有一个连接面板，置于桌面，可将客人的手提电脑、个人数字助理（PDA）、DVD 播放机、MP3 播放机、摄像机等连接至电视机。客人只需插入设备，连接面板就会自动进入系统设置程序，享受到数码科技带来的便利和乐趣。

（三）智能马桶

豪华、方便、舒适的智能马桶将出现在越来越多的高端酒店。客人如厕时，可根据需要调节座盖的温度，如厕结束后，可自动冲洗（水温自动调节），并带有自动烘干装置。

（四）智能机器人

伴随人工智能与数字化技术的飞速发展，智能机器人在酒店中的应用已经较为普遍。综合来看，主要有三类：第一类是为顾客直接"面对面"提供服务的机器人，如前台的引路机器人、送货机器人等，这类机器人的功能越来越丰富，"拟人化"趋势也越来越明显。第二类是提高酒店后台的运营管理效率的机器人，如扫地机器人、与客房服务员协同打扫房间的机器人、辅助定价机器人等。第三类是通过线上虚拟聊天界面与顾客交流的聊天机器人。这类机器人能够快速、准确地回答顾客的常规性、标准化问题，当然遇到无法回答的特殊问题，则会及时提示由后台的服务人员来处理。

二、智能管理系统

（一）智能客房中心

智能客房中心由智能门锁、智能卡、智能身份识别器、门磁开关、联网组件（网络控制器、适配器等）、智能管理软件系统（包括能源管理系统、服务管理系统、安全管理系统和互动平台等）组成。通过智能客房中心，酒店可以提升服务细节的品质。

（二）智能门锁系统

智能门锁的锁舌为防插、防锯的锁舌结构，为防止客人开锁后忘记拔卡，智能门锁等卡拔出后才开启。一旦转动把手立即上锁，防止有人跟踪进门。如果客人未关好房门，门锁会自动报警提示，同时智能门锁可与酒店管理系统连接，以实现酒店信息资源的统一化、网络化管理。

（三）智能照明和温控调节设施

客人可以根据自己的心情和喜好加以调节，让环境更舒适。有的照明设施甚至可以根据客人在客房内的起居行为（如半夜上厕所）自动调节。

（四）能源管理系统

该系统在探测到客人离开房间后，可以自动调节房间的温度和光照。节省能源的空气动力吹风机将得到使用。同时高效能冷气机、雨水收集系统和低耗能照明系统将推广应用，从而使酒店的二氧化碳排放量减少75%。能源管理系统在为客人带来贴心的"自动化"服务的同时，也实实在在地践行了节能环保的"绿色酒店"的理念。

（五）客人传感器

利用这个装置，可以在客人进入和离开房间时，控制室内的照明设备和其他电器。香港奕居酒店（The Upper House）利用红外线系统，让清理客房的员工通过一个按钮就可以知道客房里是否还有客人。

业界实践

逸扉酒店打造智能化客房新体验

逸扉酒店创立于2019年，是凯悦集团与首旅如家集团携手推出的全新酒店品牌，致力于通过智能化的设施设备和人性化的服务，为客人创造一个既舒适又智能的居住环境。

走进逸扉酒店的客房，首先映入眼帘的是智能化的控制系统。客人可以通过手机 APP 轻松调整房间的灯光、温度，甚至播放音乐，满足个性化的需求。床头的触摸屏则可以控制房间内的所有电器，包括电视、空调、窗帘等，让客人的智能生活更加便捷。语音助手功能则让客人只需发出简单的指令，即可实现各种操作，真正实现了智能化的生活。

同时，逸扉酒店还通过智能化设备提高顾客的体验舒适度。客房内的高科技床垫可以根据客人的体型和睡眠习惯进行自动调整，保证客人享受到最佳的睡眠质量。智能化的淋浴系统和音响系统也让客人在疲惫的工作后得到彻底的放松。此外，客房内摆放着各种智能化的客房用品，如智能化的化妆镜、智能化的体重秤等，为客人的旅途增添了便利。

值得一提的是，逸扉酒店在 2022 年 8 月联合当地智能健身新势力公司菲力斯（FitnessBot）推出了更具动感活力、更智能化的酒店生活方式产品，提出了 Wellness Floor 逸动楼层、Wellness Room 逸动客房新概念。在 Wellness Room 逸动客房内，除了配备动感单车、划船机、瑜伽套件等健身器材外，还放置了智能化的健身镜。通过镜内智能交互式运动引擎及传感器，对使用者进行实时动作识别、比对和纠错。无论是有氧舞、瑜伽等跳操类课程，还是专业器械运动，宾客皆可在"智能教练"的科学指导下完成锻炼，从而达到更好的健身效果，并在锻炼后获得成就感和愉悦感。

资料来源：改编自《与逸扉一起开启愉悦之旅 在酒店延续动感生活方式》. 泡泡网，2022-08-12.

第二节　酒店客户关系管理信息化

客户关系管理（Customer Relationship Management，简称 CRM）源于"以客户为中心"的市场营销理论，是企业以顾客需求为导向的经营活动的出发点。它在对客户进行识别、细分和选择的基础上，通过发展和保留客户的关系，培育忠诚顾客，从而获得长期价值的一种竞争战略。

要进行客户关系管理，酒店首先要了解顾客需求，尤其关注顾客的个性化需求。而成千上万的顾客个性需求对于酒店来说是一个庞大的信息量，要做到妥善收集、认真分析客人信息，并将这些信息在合适的时候提供给合适的员工，以使他们能够及时提供个性化的服务，仅凭人力无法做到，必须要借助 IT 技术。

随着 5G 网络、物联网、云计算、大数据等新基建的部署，CRM 从移动互联网的信息时代进入数字化时代。数字化 CRM，是利用新兴数字科技和信息科技手段实现 CRM 的数字化升级，它将原有的 CRM 系统上的客户关系管理与多种移动终端相结合，充分利用大数据和商业智能分析技术来支撑对顾客特别是会员体系的管理。数字化 CRM 使服务人员摆脱时间和场所局限，能够随时随地与后台进行沟通，并能够在智能技术赋能基础上，即时掌握酒店会员体系结构变化、会员政策执行情况以及会员管理问题解决，从而有效提高会员管理效率，推动酒店顾客关系管理效益的最大化。

CRM 中有海量的信息，但并不是所有的信息都是有用的。有用的信息包括黄金客户、客户特征、客户忠诚度、客户关注点等。在微观层面，通过 CRM 提供的有用信息，识别出客人的需求，向顾客提供个性化服务让客人惊喜感动。宏观层面，通过进行大数据分析，找出先前不知的，具有隐蔽性的，能够对企业的决策有帮助作用的规则与知识，然后再从自己所拥有的信息中作出对未来行为结果的预判，从而为企业的经营、决策和市场规划提供有效且准确的依据。大数据是未来的发展方向，在移动化营销中我们还会再次阐述。

业界实践

华客科技——一站式数字化客户体验管理

华客科技（Vocust）成立于 2019 年，是国内领先的专注企业客户体验及满意度的数字化解决方案 SaaS 公司。华客的英文名称——Vocust，是由 voice 和 customer 两个英文单词组成，代表着华客坚持客户至上、用心聆听客户之声的企业理念。华客科技致力于搭建数字平台为酒店提供技术支持，依靠数据大脑不断优化服务、提升品质，帮助酒店收获了一批又一批的忠实客户。

酒店作为服务业，核心就是要满足客户的需求。但是，真正在执行过程中，工作人员往往很难在第一时间察觉到客户的不满，甚至是在客人离店后，也不知道出现了什么问题导致客人带着不满离开。华客通过大数据帮助酒店实现数字化升级，收集住中的语音数据赋能服务，第一时间帮助酒店发现问题并通知到人，让隐藏在背后的 bug 浮出水面。在使用华客的 6 个月内，该酒店所接收的语音总量达 2 万＋条，触发了近 3000 条客诉告警，为酒店减少了 3000 次可能留下差评的机会。

同时，华客还借助数据分析服务漏洞。酒店前台电话接听不规范、设施设备陈旧不易用、客房清洁不到位等问题，虽不至于直接造成差评，但也会给客人留下不好的印象。华客的数据分析，会将住中的客诉/客需问题 TOP10 汇总排名，更加清晰、具体地找对问题、深挖细节、分析漏洞。也帮助该酒店挖掘出隐藏很深、平常难以发现的设计缺陷问题，为日后酒店改造升级提供了重要的数据支持。酒店通过精准定位、找对问题、迅速响应、快速补救等措施，让客诉数量直线下降。

本案例改编自：《5 分钟带你了解这家酒店如何打造"数据大脑"》. 华客科技，2022-07-01.

第三节　酒店新媒体营销与服务质量管理

随着科技的飞速发展和互联网的普及，新媒体已成为酒店营销的重要阵地。新媒体营销以其独特的优势，如互动性强、传播速度快、成本相对较低、容易培养潜在客户等，为酒店业带来了前所未有的机遇。

一、酒店新媒体营销

新媒体营销是指企业利用互联网等新兴媒体平台，通过内容创作、社交媒体互动和接入自媒体等手段，以实现品牌宣传、产品销售、客户关系管理和服务质量提升等目标的营销活动。如今越来越多的酒店引入了新媒体营销手段。

内容营销是新媒体营销的重要组成部分，酒店可以在微信公众号、抖音、小红书、B 站等多种新媒体平台上创建账号，通过撰写高质量的广告文章、制作精美的视频或发布引人入胜的社交媒体帖子，向潜在顾客展示酒店的特色、服务、文化等，吸引他们的关注。同时，酒店还可以通过分享旅游攻略、美食推荐等内容，增加用户的互动和参与度。

社交媒体已成为人们日常生活中不可或缺的一部分。社交媒体具有高度参与性、开放共享性、交流互动性、社区化和连通性。社交媒体下消费者行为模式从 AIDMA 模式（即注意 attention、兴趣 interest、欲望 desire、记忆 memory 和购买行动 action）转变为 AISAS 模式（即注意 attention、兴趣 interest、搜索 search、行动 action 和分享 share），甚至到最新的 SAISAS（接触到分享 share、关注 attention、兴趣 interest、搜寻 search、购买行动 action 和分享 share）。因此，酒店可以利用微博、微信、小红书、抖音等社交媒体平台，针对粉丝的分享、点评与回复，与粉丝互动，发布酒店动态、优惠活动等信息，提高品牌曝光度。同时，酒店还可以通过社交媒体平台收集用户反馈，及时改进服务，提升客户满意度。

此外，酒店还可以接入自媒体渠道，如利用抖音、小红书等自媒体平台通过短视频方式进行营销。短视频营销迎合了年轻消费者群体的消费心理，需要酒店业中传统酒店品牌更加关注，因为年轻一代消费者有自己的偏好和喜好，对老牌酒店并不了解，这时候需要传统酒店能够"放下架子"，通过年轻消费群体喜欢的渠道、方式来"刷存在感"。酒店可以采用如下几种短视频营销模式，一是借助网红或意见领袖进行短视频制作、直播带货等，二是直接购买广告，进行短视频平台广告投放，三是酒店在多个新媒体平台创建账号，建立团队，经营短视频账号。[①]

新媒体营销为酒店业带来了巨大的机遇和挑战。酒店需要抓住机遇，充分利用新媒体平台的特点和优势，制定有针对性的营销策略和实施计划。其中，营销的关键是优质内容的生产能力、展现能力和互动能力，这是当下酒店进行新媒体营销最为稀缺的资源能力。同时，酒店还需要不断关注新技术和新趋势的发展，不断创新和改进新媒体营销策略，以适应市场的变化和满足客户的需求。展望未来，随着人工智能、大数据等技术的不断发展，酒店新媒体营销将迎来更加广阔的发展空间和更加丰富的应用场景。

---

① 资料来源：刘伟.酒店管理[M].北京：中国人民大学出版社，2022年第3版，306页。

二、新媒体营销推动酒店服务质量管理

酒店的新媒体营销能够有效推动服务质量管理工作。面向顾客的营销活动与酒店的服务质量工作是一个硬币的"两面":一方面,营销活动中需要展示的产品、服务、价格、促销等各个环节都与酒店的核心"服务质量"密切相关,没有好的服务质量也就难有好的营销效果,甚至反倒会造成营销夸大其词、过度承诺等;另一方面,酒店的服务质量高、服务满意度高本身就是最好的营销,甚至有人提出"服务就是营销",即优质的服务本身就是营销的产品或者"卖点",新媒体营销可以通过新形式、新渠道来广为传播优质服务。

具体来看,酒店的新媒体营销可以从几个方面促进服务质量管理:一是通过新媒体营销中与用户的深度互动形式来强化对消费者需求的深度挖掘,对潜在意见或投诉诉求的深入了解,从而提供更有针对性的定制化服务、服务补救措施,提升顾客的满意度和忠诚度。二是通过新媒体营销中的互动平台,让更多顾客参与到产品与服务的设计、定价、体验、分享等多个环节,建立粉丝群,形成社群或社区,进而为这些颗粒度更细的会员群体提供有针对性、主题性、定制化的促销、社交、体验等活动,从而在细分群体层面上提供优质的服务,建立良好的服务口碑,提升服务质量水平。三是通过新媒体营销中的顾客对产品和服务体验的实时反馈,强化对互联网平台上顾客反馈数据的分析,从而对酒店提供服务的各个关键流程进行优化,提高服务质量管理水平。

业界实践

抖音营销助力亚朵服务质量提升

随着短视频平台的迅速崛起,抖音以其独特的魅力和广泛的用户基础,正逐渐成为品牌营销的新宠。在这样的背景下,亚朵酒店敏锐地捕捉到了这一趋势,并在抖音平台上大胆尝试,通过创意短视频引领酒店业的新风潮。亚朵酒店成立于2013年,截至2023年9月30日,亚朵集团在营酒店数量达1112家,注册会员数超过5400万。

亚朵酒店一直以来以"人文、温暖、有趣"为品牌理念,致力于为旅客提供与众不同的住宿体验。在抖音平台上,亚朵酒店通过一系列创意短视频,将

这一品牌理念展现得淋漓尽致。这些短视频中，亚朵酒店以轻松幽默的方式展示了酒店的独特装修风格和舒适环境。观众仿佛能够透过屏幕，感受到酒店大堂温馨的书吧氛围，以及客房内高品质的床品和智能家居设施带来的舒适体验。这种独特的视角和有趣的表达方式，让亚朵酒店在抖音上迅速脱颖而出，吸引了大量用户关注。

除了创意短视频，亚朵酒店还积极利用抖音的直播功能，与用户进行实时互动。他们邀请了知名旅行博主、网红以及酒店的忠实用户，共同体验酒店的特色服务和活动。在直播中，观众不仅可以欣赏到酒店内部设施和服务，还能与博主和网红们实时交流，分享入住的有趣经历。这种全新的互动方式，让亚朵酒店与用户建立了更加紧密的联系，也增强了用户对酒店的认知度和好感度。除了通过直播售卖客房，亚朵酒店还积极开展零售业务，所有零售产品中销量最高的单品是亚朵星球深睡记忆枕 pro，亚朵借助抖音平台，开展直播和邀请达人宣传，并针对睡眠人群做精准投放和转化，截至 2023 年 11 月 11 日，其累计销量超过 80 万只，实现了 2.4 亿元人民币的营收。

此外，亚朵酒店还积极参与抖音的挑战赛和话题讨论，与用户进行互动。他们发布了多个与酒店相关的挑战视频，鼓励用户参与并分享自己的入住体验。这种创新的互动方式，不仅提高了品牌的曝光度，也让亚朵酒店与用户之间建立了更加深厚的情感纽带。

资料来源：改编自亚朵酒店公众号相关文章。

第四节　酒店大数据与服务质量管理

一、大数据概述

自移动互联网发展以来，大数据管理被无数次提及。所谓大数据，指的是需要新型的软件处理系统进行所需的分析处理的海量的、复杂的信息数据资产[①]。

---

① 邓宁等.旅游大数据[M].旅游教育出版社，2022 年第 2 版，第 2 页。

大数据通常被认为具有4个V的特点：Volume（数据量巨大，从Byte到TB、PB、EB等），Variety（数据类型繁多，存在结构化和非结构化数据类型），Value（价值密度低，与数据总量成反比，数据总量越大，无效冗余的数据就越多），Velocity（处理速度快，数据挖掘技术的快速发展使得处理数据的效率非常高）。

大数据技术可以帮助商家记录、处理和应用这些数据，通过对这些数据的高效分析，帮助商家准确预判消费者的消费行为、消费心理等极具价值的信息，并进而制定和推送相应的产品或服务，即精准推送和精准营销。大数据技术的战略意义不在于"拥有"庞大的数据信息，而在于对这些含有意义的数据进行专业化"处理"。大数据不仅改变了酒店和客人联系和交易的方式，而且还改变了酒店与供应商的联系和交易方式，改变了酒店与合作伙伴的联系和交易方式。

二、酒店大数据

大数据的来源较多，消费者在网上的任何一次点击行为、每一次购买行为、每一次进行点评反馈等，都可以被完整地记录和保存，产生一组数据。酒店大数据来源可以从客人的住前、住中和住后三个阶段来梳理。

住前数据主要是客人在入住酒店前留下的浏览、搜索、选择和预订行为数据，主要包括OTA（旅游在线服务商）上的客人搜索数据和预订数据，还有PMS（酒店预订系统）中客人的预订数据，以及酒店集团自建的PMS系统中的预订数据。住前数据反映了入住酒店的客人需求和偏好，可以通过这些需求、偏好和行为等刻画出客人的画像，即掌握入住酒店的客人的人群特征。然而，目前这些数据中最有价值、数据体量最大的部分主要集中在OTA平台手里，并没有对平台上的大量酒店开放。事实上，这些数据也是OTA的核心资产和竞争优势来源，通过对这些大数据的进一步开发、分析与使用，可以发布各专题的消费者特征分析报告，为酒店（集团）提供咨询服务、为制定平台规则和酒店排名等提供依据，以及最为重要的是，通过搜索量、预订量和成交量等来体现OTA的绩效。

住中主要是客人在酒店入住过程中所形成的数据。客人入住酒店是一个行为发生的过程，但这一过程像"黑箱"一样并没有得到充分认识，其中的大数据也仍然没有得到充分利用。实际上，住中的主要数据沉淀在酒店 PMS 中，包括客人入住酒店期间的消费数据、行为习惯与偏好数据、反馈与投诉数据、体现酒店经营业绩的数据等，这些数据综合反映了客人在酒店入住过程中进行体验的真实状况，以及酒店的实时经营状况。尽管这部分数据是酒店目前最看中的数据，然而客人在入住期间的行为数据，除了部分消费数据和行为习惯数据（如餐饮康乐消费数据、去健身房健身次数、洗衣房洗衣次数与洗衣量等等），大部分数据仍然无法获取。由此，一些科技公司，依靠互联网、物联网等技术手段来获取相关大数据，如送餐送物机器人、房间内语音服务设备、智能马桶等均可以获取客人入住期间的行为数据。

住后数据即客人入住结束后的反馈数据。例如客人网络点评（如在 OTA、酒店网站上的点评、微信微博等）、社交媒体自媒体发布的短视频、传统的调查问卷（纸版问卷或电子问卷）、专家暗访数据等。这些数据从客人和专家的角度，反映了酒店产品和服务质量，体现出客人对酒店各项产品服务的满意度，是重要的酒店大数据来源之一。这部分数据大部分仍然集中在 OTA 网站上，部分知名酒店集团的网站上也开始沉淀更多点评数据，且这些数据积累的速度增长很快。各大酒店集团以及大量单体酒店均将客人网络点评数据的分析结果作为酒店服务质量工作、KPI（关键绩效）考核工作的重要参考指标之一。也有一些科技公司集中对网络点评数据进行挖掘及量化分析，为酒店的服务质量管理工作提供辅助。

三、酒店大数据与服务质量

围绕大数据的分析理念、分析技术以及应用策略展开精准营销、服务管理等日常运营工作，是数字经济时代下酒店需要具备和培育的重要能力之一。酒店需要保持积极拥抱的心态，采取不断学习与尝试的行动，处理好与 OTA 公司、PMS 公司、网络点评大数据分析公司等之间的关系，借助这些公司的平台或手段，在资源和能力范围允许下确保"数据资产"尽可能在酒店日常工作中"为我所用"，而不是"拱手相让"。具体来看，有如下几个方面：

一是大数据可以帮助酒店全面了解客人消费行为，给客人画像，进而做好精准营销工作。由于客人在预订酒店并进行交易、入住期间的消费记录、习惯偏好及其他行为等会留下诸多大数据，可以通过大数据分析来为酒店提供客人画像：客人消费能力如何，对何种档次、类型的酒店能够接受；酒店提供何种产品和服务来满足不同群体的偏好和需求；客人有哪些个性化需求和独特习惯；客人喜欢通过哪些渠道来购买酒店产品等。针对这些客人画像，可以进一步推出更加精准的营销活动，从而促进客人进行购买，并提高满意度。如国内多家酒店集团都强化多维度、深层次挖掘数据潜力，从客人需求出发进行个性化定制和精准营销等。例如某酒店集团会在其小程序上提前与客人沟通，让客人反馈其独特需求，并在客人第二次入住该集团其他门店时根据其个性化需求而自动提供定制服务或推送相关促销活动，让客人常常有"小惊喜"。

二是大数据可以协助酒店更加有效完成品牌建设工作。培养客人对酒店的持续关注度和黏性是酒店品牌建设的关键点。酒店对客人了解得越多，就越能更好地满足其需求，让其对该酒店产生依赖感。客人对酒店的反馈信息可以构建出一个信息量庞大的住后数据库，这些数据不仅可以影响其他用户的选择，还可以帮助酒店进行更便捷、更有针对性的用户关系管理，增加客人黏性，实现品牌提升。酒店可以通过大数据分析，知道客人是何特征，他们关注的内容是什么，他们想要什么，进而根据客人认知、感想与联想，力争让品牌建设的过程顺势而为。客人良好的感受令品牌渗透更为顺畅，有助于酒店开展品牌形象、品牌联想和品牌资产等方面工作。

三是大数据还可以为酒店提供较为详细的竞争市场信息，从而提高酒店在服务质量和营销活动方面的成效。通过大数据分析，特别是利用软件进行的收益管理分析，酒店不仅可以了解竞争对手的价格和一些相关的市场及财务指标，还可以了解竞争对手的营销活动、品牌推广活动、客人细分群体的变化以及新产品新服务等，这些数据不仅有助于酒店制定更有针对性的竞争策略，更能够有效促进酒店的服务质量管理工作。

总之，酒店应当认识到大数据对于酒店的重要性，培养大数据分析的思维，培育大数据决策能力。

思考题

1. 酒店设备设施的智能化与服务的本质有何关系？设备设施可以全部实现智能化吗？
2. 如何通过新媒体营销来提高酒店顾客的满意度？
3. CRM 数字化为酒店的服务质量管理带来哪些变化？
4. 酒店如何利用大数据分析来管理服务质量？

第六章　酒店服务质量管理常用工具

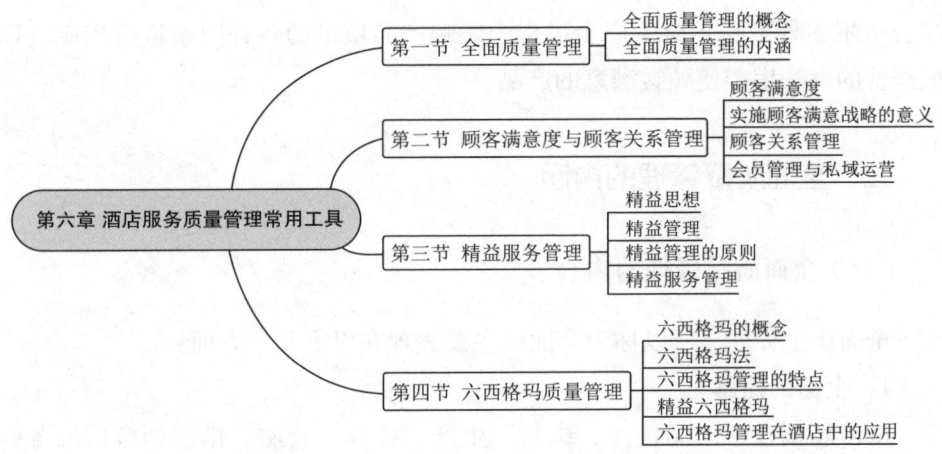

第一节　全面质量管理

一、全面质量管理的概念

全面质量管理,起源于20世纪60年代的美国,这一词汇是由美国人A.V.费根堡姆最早提出来的,但全面质量管理最早在日本和西欧一些国家实行。特别是日本,结合了本国实际并加以创新,取得了巨大的成功,对其第二次世界大战后经济奇迹般的迅速崛起功不可没。

现在的全面质量管理早已超脱了原来的意义,演化为一种综合、全面的经营管理理念和方式。

全面质量管理，即TQM（Total Quality Management）是指一个组织以质量为中心，以全员参与为基础，目的在于通过顾客满意和本组织所有成员及社会受益而达到长期成功的管理途径。在日本称作全公司质量管理（Company-wide Quality Management，简称CQM）。1961年，费根堡姆在《全面质量管理》一书中，对全面质量管理的定义是："为了能够在最经济的水平上，考虑到充分满足顾客要求的条件下进行市场研究、设计、制造和售后服务，把企业内各部门的研制质量、维持质量和提高质量的活动构成为一体的一种有效的体系。"日本企业界对全面质量管理的定义为：企业组织的所有部门和全体人员综合运用多种手法，对生产全过程中影响产品质量的各种因素进行控制，以最经济的办法生产使顾客满意的产品。

二、全面质量管理的内涵

（一）全面质量管理的内容

全面质量管理之所以称为全面，主要表现在以下几个方面：

1. **全面的控制**

从市场调查、产品设计、试制、生产、检验、仓储、销售到售后服务的各个环节都应该牢固树立"顾客第一"的思想。

2. **全面的人员**

各部门任何一个员工都有责任共同做好工作，生产出质量达标的产品。组织必须向员工授权，广泛地采用团队形式作为授权载体，依靠团队发现和解决问题。

3. **全面的质量**

不仅包括产品或服务质量，还包括工作质量的严格要求，这也是产品质量的前提。同时，不仅对产品的适用性予以关注，对于安全性、经济性、环保性也要有所重视。

4. **全面的质量管理方法**

它是一门综合运用统计学、行为学、心理学、信息技术等各种学科方法的受顾客驱动的学问。

全面质量管理的基本原理与其他概念的基本差别在于，它强调为了取得真正的经济效益，管理必须始于识别顾客的质量要求，终于顾客对他手中的产品感到满意。全面质量管理就是为了实现这一目标而指导人、机器、信息的协调活动。

（二）全面质量管理的原则

1. 以顾客为中心

全面质量管理以顾客为中心，不断通过 PDCA 循环进行持续的质量改进来满足顾客的需求。顾客有两种界定标准：一种是"具有消费能力或消费潜力的人"，另一种是"任何接受我们的产品或服务的人"。顾客可以分为内部顾客和外部顾客。内部顾客是指企业内部的从业人员，包括基层员工、主管、经理乃至股东。外部顾客分为显著型和隐蔽型两种。显著型是指具有消费能力，对某商品有购买需求，了解商品信息和购买渠道，能立即为企业带来收入的顾客；隐蔽型是指预算不足或没有购买该商品的需求，缺乏信息和购买渠道，可能随环境、条件、需要变化的顾客。

客户满意包括产品满意、服务满意和社会满意三个层次。产品满意是指企业产品带给顾客的满足状态，主要是产品的质量满意、价格满意。服务满意要求企业在产品售前、售中、售后以及产品生命周期的不同阶段采用相同的服务措施，并以服务质量为中心，实施全方面、全流程的服务。社会满意是指客户在消费企业产品和服务的过程中所体验到的企业对社会利益的维护。它要求企业的经营活动要追求先进文化、遵循诚信原则和促进社会和谐。

2. 领导的作用

一个企业从总经理层到员工层，都必须参与质量管理的活动，其中，最为重要的是企业的决策层必须对质量管理给予足够的重视。在我国的《质量管理法》中规定，质量部门必须由总经理直接领导，这样才能够使组织中的所有员工和资源都融入全面质量管理之中。

3. 全员参与

全面质量管理的第三大原则就是强调全员参与。只有全员充分参与，才能使他们的才干为组织带来最大的利益。为了激发全体员工参与的积极性，管理者应该对员工进行质量意识、职业道德、以顾客为中心的意识和敬业精神的教育，还要通过制度化的方式激发他们的积极性和责任感。在全员参与过程中，团队合作是一种重要的方式，特别是跨部门的团队合作。因此，全员参与是全面质量管理思想的核心。

4. 过程方法

质量管理理论认为任何活动都是通过过程来实现的。通过分析过程、控制过程和改进过程，并能够将影响质量的所有活动和所有环节控制住，确保产品和服务的高质量。因此，在开展质量管理活动时，必须着眼于过程，把活动和相关的资源都作为过程进行管理，才可以更高效地得到期望的效果。

5. 系统管理

当我们进行一项质量改进活动的时候，首先需要制定、识别和确定目标，理解并统一管理一个由相互关联的过程所组成的体系。由于产品生产并不仅仅是生产部门的事情，因而需要我们组织所有部门都参与到这项活动中来，才能够最大限度地满足顾客的需求。一般其系统思路和方法应该遵循以下步骤：确定顾客的需求和期望；建立组织的质量方针和目标；确定过程和职责；确定过程有效性的测量方法并用它来测定现行过程的有效性；寻找改进机会，确定改进方向；实施改进；监控改进效果，评价结果；评审改进措施和确定后续措施等。

6. 持续改进

实际上，仅仅做对一件事情并不困难，而要把一件简单的事情成千上万次都做对，那才是不简单。因此，持续改进是全面质量管理的核心思想，统计技术和计算机技术的应用正是为了更好地做好持续改进工作。竞争的加剧使得企业的经营处于一种"逆水行舟，不进则退"的局面，要求企业必须不断改进才能生存。

7. 以事实为基础

有效的决策是建立在对数据和信息进行合乎逻辑和直观的分析的基础上的，因此，作为迄今为止最为科学的质量管理，全面质量管理也必须以事实为依据，背离了事实基础那就没有任何意义。为了确保信息的充分性，应该建立企业内外部的信息系统。坚持以事实为基础进行决策，就是要克服"情况不明决心大，心中无数点子多"的不良决策作风。

8. 互利的供方关系

组织与供方是相互依存的，互利的关系可增强双方创造价值的能力。在目前的经营环境中，企业和企业已经形成了"共生共存"的企业生态系统。

企业之间不再是短期的甚至一次性的合作,而是致力于双方共同发展的长期合作。

(三)全面质量管理的科学程序:PDCA

1. PDCA 循环概述

PDCA 循环是美国质量管理专家休哈特博士首先提出的,由戴明采纳、宣传,获得普及,从而也被称为"戴明环"。它是全面质量管理所应遵循的科学程序。PDCA 是英语单词 Plan(计划)、Do(执行)、Check(检查)和 Action(处理)的第一个字母的缩写,PDCA 循环就是按照这样的顺序进行质量管理,并且循环不止地进行下去的科学程序。

P(Plan)计划:包括方针和目标的确定,以及活动规划的制定。

D(Do)执行:根据已知的信息,设计具体的方法、方案和计划布局,再根据设计和布局,进行具体运作,实现计划中的内容。

C(Check)检查:总结执行计划的结果,分清哪些对了,哪些错了,明确效果,找出问题。

A(Action)处理:对检查的结果进行处理,对成功的经验加以肯定,并予以标准化;对于失败的教训也要总结,引起重视。对于没有解决的问题,应提交给下一个 PDCA 循环中去解决。

2. PDCA 循环特点

PDCA 循环,可以使我们的思想方法和工作步骤更加条理化、系统化、图像化和科学化。它具有如下特点:

(1)大环套小环,小环保大环,推动大循环。PDCA 循环作为质量管理的基本方法,不仅适用于整个工程项目,也适应于整个企业和企业内的科室、工段、班组以及个人。各级部门根据企业的方针目标,都有自己的 PDCA 循环,层层循环,形成大环套小环,小环里面又套更小的环。大环是小环的母体和依据,小环是大环的分解和保证。各级部门的小环都围绕着企业的总目标朝着同一方向转动。通过循环把企业上下或工程项目的各项工作有机地联系起来,彼此协同,互相促进。

(2)不断前进,不断提高。PDCA 循环就像爬楼梯一样,一个循环运转结束,生产的质量就会提高一步,然后再制定下一个循环,再运转,再提高,不断前进,不断提高。

（3）门路式上升。PDCA 循环不是在同一水平上循环，每循环一次，就解决一部分问题，取得一部分成果，工作就前进一步，水平就进步一步。每通过一次 PDCA 循环，都要进行总结，提出新目标，再进行第二次 PDCA 循环，使品质治理的车轮滚滚向前。PDCA 每循环一次，品质水平和治理水平均进步一步。

PDCA 的具体工作的步骤如表 6-1 所示。每个 PCDA 循环都可以概括为四个阶段、八个步骤。

表 6-1　酒店 PDCA 循环的具体内容

P：计划	① 寻找质量问题 ② 寻找产生质量问题的原因，可借助鱼骨图等 ③ 从各种原因中，找出对质量影响最大的因素，即主要原因 ④ 针对原因，研究措施，制定对策和计划
D：执行	⑤ 按预定计划的对策，认真执行
C：检查	⑥ 检查执行成果
A：处理	⑦ 巩固成绩，进行标准化 ⑧ 寻找遗留问题，为下一个 PDCA 循环提供依据

（4）质量问题。按照信息获取的程度，质量问题可以分为以下三类：结构式质量问题（Structured Quality Problem）、病态结构质量问题（Ill-structured Quality Problem）及半结构式质量问题（Semi-quality Problem）。它们获取信息的程度是递减的。

结构式质量问题：这类问题可以获得完全信息，清楚地知道发生了什么状况。这类问题的解决可以使用定制化的程序，对于相应的问题采用相应的方法。

半结构式质量问题：这类问题的清晰程度介于结构式和病态结构之间，是可以遵循一定的步骤来处理解决的，但也要随时注意及时对出现的不确定情况清晰判断和冷静决策。

病态结构质量问题：此类问题的信息高度模糊，具有隐匿性和综合性，不容易确定问题的脉络。它每时每刻都可能在变化，对于它的最优解决方案可能在下一刻就不再起作用。因此，无法采用定制化的思路来处理，最好的方法是进行专门的系统性研究，根据环境限制选择创造性的方案加以解决。

> 业界实践

全面质量管理的典范——里兹-卡尔顿

里兹-卡尔顿目前是万豪酒店集团旗下的奢华品牌,尽管与其他很多国际奢华品牌相比,规模不是很大,但却以完美的服务、奢华的设施、精美的饮食和高端的价格成为酒店业的典范型品牌,一直是奢华和完美的代名词。更为耀眼的是,里兹-卡尔顿品牌在创始人恺撒·里兹先生的服务理念的指导下,两次荣获美国的"梅尔考姆·鲍尔特里奇国家质量奖"。它是酒店业中的第一个也是唯一一家获此殊荣的企业。该奖项是在美国国会授权下,以美国商业部长名字命名的,由美国国家技术与标准学会设立的最有权威的企业质量奖。

里兹-卡尔顿酒店品牌的成功与其全面质量管理系统密不可分,其基本理念包括:强烈地关注顾客,坚持不断地改进,改进组织中每项工作的质量,精确地度量。

里兹-卡尔顿全面质量管理的基本思路是:全面质量管理始于公司总裁、首席执行官与其他13位高级经理,无论总经理还是普通员工都要积极地参与服务质量的改进。高层管理者要确保每一位员工都投身于这一过程,要把服务质量放在酒店经营的第一位。高层管理人员组成了公司的指导委员会和高级质量小组,他们每周会晤一次,审核改进产品和服务的质量措施、顾客满意情况、市场增长率和发展、利润和竞争情况等,将四分之一的时间用于与质量管理有关的事务,并制定策略来保证市场上的质量领先者的地位。其中一项质量策略就是"新成员酒店质量保证项目",即高层管理者确保每一位新成员酒店的产品和服务都必须满足集团顾客的期望。这一项目始于一个叫"7天倒计时"的活动。高层经理亲自教授新员工,所有的新员工都必须参加这个活动;公司总裁向员工们解释公司的宗旨与原则,并强调100%满足顾客的需求。100%满足顾客是对质量的承诺。具体来说,遵循以下五条指导方针:

- 对质量承担责任;
- 关注顾客的满意;
- 评估组织的文化;
- 授权给员工和小组;
- 衡量质量管理的绩效。

里兹-卡尔顿的全面质量管理的"黄金标准"包括:

1. 信条

对里兹-卡尔顿酒店的全体员工来说，使顾客得到真实的关怀和舒适是其最高的使命。

2. 格言

"我们是为淑女和绅士提供服务的淑女和绅士"，这一座右铭表达了两种含义：一是员工和顾客是平等的，不是主人和仆人的关系，或上帝与凡人的关系，而是主人和客人的关系；二是酒店提供的是人对人的服务，不是机器对人的服务，强调服务的个性化和人情味。

3. 服务程序

第一，热情和真诚地问候顾客，如果可能的话，做到以顾客的名字问候；

第二，对顾客的需求作出预期和积极满足顾客的需求；

第三，亲切地送别，热情地说"再见"，如果可能的话，做到使用客人的名字道别。

4. 基本准则

第一，具有里兹特色的服务战略——注重体验，创造价值；

第二，全面质量管理使里兹-卡尔顿在竞争中处于有利位置，同时在营销方面也不会落后，使经营管理面向顾客，强调顾客的特殊感受，并通过富有创造性的营销活动为顾客创造价值。

资料来源：刘名俭，唐静. 饭店管理[M]. 武汉：华中科技大学，2010：193-195.

第二节 顾客满意度与顾客关系管理

一、顾客满意度

顾客满意度（Customer Satisfaction），是指顾客对其要求已被满足的程度的感受。为使顾客满意，首先必须以顾客为中心，但并不意味着顾客永远都是对的。顾客的消费行为不仅会影响到自己的满意程度，也会影响到其他顾客的满意程度和服务人员的工作满意感。管理人员若想实现有效的管理，首先要调动员工的积极性,让员工感到满意,才能让顾客感到满意。现在更多的企业把顾客满意上升为一种经营手段和战略,足以表明其重要性。

顾客满意与否,取决于顾客对于购买消费的产品和服务的感知同顾客对产品和服务的期望相比较后的感受程度。通常情况下,顾客的比较会出现以下三种情况:

(1)感知低于期望,顾客会感到不满意,甚至会产生抱怨和投诉。
(2)感知接近期望,顾客就会感到满意。
(3)感知远超过期望,顾客会从满意中产生忠诚。

二、实施顾客满意战略的意义

(一)保证顾客对产品的满意度

通过顾客满意的信息,可以评价组织在满足顾客要求方面的状况、顾客满意程度的趋势及酒店服务中存在的不足。当满意度低时,顾客就会抱怨甚至投诉,但没有抱怨或投诉并不意味着满意度就高。因此,从这方面考量,顾客的抱怨和投诉也会有利于企业及时纠正服务差错,满足顾客需求;而那些对产品和服务不满意而又不向企业反馈意见的顾客,则以后不会再购买产品和服务。

(二)保证企业的收益

顾客在购买和消费产品与服务的过程及之后,会产生一种对自己的要求是否得到满足的心理感受或认知。顾客的这种感受或认知直接反映了其对产品和服务是否满意。而顾客满意与否对企业的生存和发展会产生巨大的影响。因此,企业需要重新认识顾客的需要,站在顾客的立场上去了解顾客的需求和期望,需要用科学的方法分析产品和服务满足顾客要求的程度。

三、顾客关系管理

(一)概念内涵

顾客关系管理(Customer Relationship Management,简称CRM)源于"以

顾客为中心"的市场影响理论，是企业以顾客需求为经营活动的出发点，在对顾客进行识别、细分和选择的基础上，通过发展和保留同顾客的关系，培育忠诚顾客，进而获得长期价值的一种竞争战略。

顾客关系管理还可以从以下三个方面加以理解：

（1）顾客关系管理是一种管理理念，其核心思想在于将顾客作为最重要的资源，通过完善的顾客服务和深入的顾客分析来满足顾客需求，实现顾客价值。

（2）顾客关系管理是一种旨在改善顾客和企业之间关系的管理机制。一方面由企业的营销和销售部门的员工提供全面、个性化的顾客资料，强化跟踪服务、信息分析能力，使其与顾客协同建立紧密的联系，从而方便为顾客提供更加周到细致的服务，提高顾客满意度，吸引和保留更多的顾客，从而实现企业的经济效益。另外一方面通过信息共享和优化服务流程来有效地降低经营成本。

（3）顾客关系管理还是使用先进的信息技术和网络技术来帮助管理者实现业务功能运作和提高效率的管理信息系统，借此来优化顾客关系产生的总价值。

（二）顾客关系管理的作用

1. 顾客关系管理对企业的作用

（1）降低企业的营销成本。企业通过顾客关系管理可以培养一批长期稳定的忠诚度高的顾客，他们重复购买消费产品和服务，大大降低了企业的营销成本。

（2）带动相关服务产品或新产品的销售，降低经营风险。当顾客与企业建立了长期良好关系后，他们会对企业充满信心，由此有利于相关产品和新产品的销售。这样，企业就可以大大降低新产品的宣传费，进入市场的时间也大大缩短。同时，在变幻多端的市场竞争中，良好的顾客关系也有利于成为企业缓冲市场环境因素的不利冲击，最大限度地降低经营风险。

（3）增加企业的收入和利润，提高企业的盈利能力。通过顾客关系管理，找准顾客的需求，及时提供顾客需要的产品和服务，有利于提高顾客忠诚度。顾客的重复购买行为为企业带来源源不断的利润。忠诚的顾客是企业长期盈利能力的保证。

（4）增强企业的竞争优势。良好的顾客关系管理降低经营成本。准确了解顾客需求，为顾客提供个性化服务，有助于企业的成本领先战略与差别化战略的实施。同时，良好的关系一旦建立，便具有长期性和稳定性，有利于形成企业的长期竞争优势。

2. 顾客关系管理对顾客的作用

（1）节约购买成本。这里所说的购买成本，不仅指顾客为购买消费产品和服务所支付的金钱，也包含了顾客在购买过程中所花费的时间成本、沟通成本和机会成本等。

（2）良好的顾客关系要求企业尽可能多地收集顾客信息，通过对Ⅰ型逆袭的整理和分析，系统根据顾客的要求，及时为企业提供建议——在什么时候哪些顾客会购买哪些产品，以及用什么样的手段对顾客进行销售，从而能够更好地满足顾客的潜在需求。

（3）顾客关系管理通过良好的服务和技术支持来保证顾客的满意度，维护顾客对企业的忠诚度。因此，顾客关系管理在给企业带来竞争优势的同时，也使顾客得到了更多的方便和益处。

（三）顾客关系管理系统

1. **顾客关系管理系统的含义**

顾客关系管理系统是利用计算机软件、硬件和网络技术，为企业建立一个顾客信息收集、管理、分析、利用的信息系统。虽然顾客关系管理不等于顾客关系系统，但后者是前者的一个非常重要甚至不可或缺的工具，顾客关系管理的成功需要借力于顾客关系系统。

2. **顾客关系管理系统的重要性**

顾客关系管理系统的重要性主要体现在以下几个方面：

（1）海量的顾客信息需要管理系统进行管理。进行顾客关系管理，首先需要了解顾客需求，尤其是顾客的个性化需求。但成千上万的顾客的需求各有差异，信息量庞大，要做到妥善搜集、认真分析，并将这些信息有效恰当地传递给员工，以使得他们能够及时为顾客提供个性化服务，仅凭人力很难完成，必须借助计算机技术。

（2）实现信息共享，满足顾客需求。通过顾客关系系统可以实现资源共享，将企业各部门所了解掌握的资源与其他部门进行共享，有利于更全面地掌握顾客需求，提高企业服务效率，最大程度方便顾客，使顾客的需求及时得到满足。

（3）有利于进行信息的统计分析和运用。将积累起来的海量的顾客信息通过顾客管理信息系统进行分析整理，从顾客的消费习惯、环境变动对顾客消费的影响等多方面对整个消费群体进行观察，充分了解顾客，帮助企业制定实施恰当的营销策略，提高收入，降低成本，使企业处于更有利的竞争地位。

3. 顾客信息数据库应包含的主要内容

（1）顾客联系信息：谁是顾客（顾客的姓名、头衔、所属公司、联系电话、传真、电子邮件地址等），与他们联系的最佳方式是什么。

（2）团体信息：他们和什么样的团体或公司有关。

（3）顾客历史：这位顾客以前购买过什么？在什么时候购买的？对什么样的促销有反应？

（4）促销历史：曾经有过的促销是否成功？（曾经有过哪些促销活动？这些促销活动有多少反馈？反馈的顾客是什么样的顾客？）

（5）客户来源：根据顾客的消费行为和来源是否能将其进行分类？通过顾客的不同交易行为能总结出什么结论？（顾客的职业类型、顾客的价格敏感度、消费行为特征等。）

（6）顾客服务历史：保留这位顾客是否需要很高的服务和支持的成本？（顾客是否有投诉历史？为什么投诉？投诉处理的结果如何，顾客是否满意？顾客是否有服务方面的特别要求？）

（7）顾客满意度调查和顾客回馈数据：顾客反馈的满意度调查表、顾客信用程度。

（8）顾客交流信息：顾客是否与企业交流？他们偏好的交流渠道是什么？

四、会员管理与私域运营

在现在的社会之中，到处可见各个商家培养客户忠诚度的各种计划，不管会员制度采用的是积分制度、俱乐部制度，还是优惠打折，最主要的目的都是为了提升企业的效益和利润，让企业能够持续的发展。

采用会员制度，首要的是留住客户，和客户之间建立长期稳定的关系，让客户变成企业的忠诚客户。其次是要想办法吸引新的客户。对会员制满意的会员会为企业来做口碑宣传，这样不断地吸引客户成为会员。最后是要把握好客户的数据库。当客户成为企业的会员的时候，提供的个人资料，以及他的每一笔消费记录都会在系统中记录，这些资料都是最强有力的营销工具。

传统的酒店行业如果要想获取一个会员，得先打广告吸引顾客到店，然后到酒店前台登记个人资料，酒店输入个人信息，然后再派发给该客人一张会员卡，客人随后还需再到网上验证，最简化的也需要用户自己主动到 PC 端酒店官网注册才行。现在通过移动端特别是微信，可以快速实现会员沉淀，解决 CRM 管理及会员体系搭建问题。

移动互联网的诞生，使得人与人的沟通关系发生了翻天覆地的变化，也让这个世界变成了追随和转发的汪洋。人们在这个世界里进行双向互动，广泛参与和体验。从某种意义上说，互联网时代的本质就是粉丝经济。所谓粉丝经济，是指以品牌的粉丝为其情感和价值认同埋单为核心的经济活动形态。粉丝经济时代，谁把握了粉丝的心理，谁就占有了市场；谁的粉丝数量大，市场占有率就高；谁的粉丝黏性大，铁杆粉丝多，谁的品牌就有持续的发展动力。

随着经济的改革与转型，很多企业都在面临诸多挑战，如竞争愈发激烈、产品创新环境不佳、个性化的新生代消费者需求变化等。而粉丝经济正好可以对此迎刃而解。有专家表示：第一，粉丝经济能够成为激励企业创新的平台，通过粉丝洞察消费者的最新需求，促进产品创新设计，同时还能通过微博有效传递创新故事。第二，可以加强用户黏性，不断与粉丝"沟通"的过程，也就是"黏住"粉丝的过程。很多企业做的不是一锤子买卖，而是希望能与消费者维持长久的买卖关系。第三，当牢牢"黏住"粉丝之后，营销就会变得直接而简单，营销成本自然降低。第四，降低成本就是增加收入，同时，成功的粉丝经济还可以增加品牌收入来源。玩转粉丝经济、做好粉丝经济，既能降低成本，又能提高品牌收入，何乐而不为。

私域运营如今也成为很多酒店的营销方式。私域运营是指企业通过自己的平台，如微信公众号、APP、网站等，以及其他渠道获取用户的基本信息，然后通过数据分析和精细化运营手段，对用户进行精准营销和服务，从而提升用户的忠诚度和消费频次。与传统的广告推广不同，私域运营更注重用户关系的建立和维护，通过与用户的互动和沟通，建立起更为稳定的用户关系。同时，私域运营可以更为精准地投放广告，降低营销成本，提高营销效果。

私域运营的核心在于企业拥有自己的用户数据，并能够通过这些数据深入了解用户需求和行为，从而更好地为用户提供个性化的产品和服务。同时，通过搭建自己的品牌社区，企业能够与用户建立更紧密的联系，增强用户的忠诚度和黏性，提高用户留存率和转化率。

在进行私域运营时，企业需要依托自己的平台，如微信公众号、APP、网站等，以及其他渠道获取用户的基本信息，然后通过数据分析和精细化运营手段，对用户进行精准营销和提供个性化服务。

业界实践

亚朵与会员体系建设

亚朵酒店（Aloft Hotels）是一家起源于中国的住宿品牌集团，创立于2013年。截至2023年9月30日，亚朵集团在营酒店数量达到1112家，房间数达到128 681间，并且注册会员数超过了5400万。

为了增加客户黏性，亚朵酒店十分看重并着力打造会员体系。区别于大部分酒店围绕优惠订房、积分换住、客房升级等奖励会员保持忠诚度的会员体系，亚朵集团（ATAT.O）对外宣布全新会员体系——ACARD（亚朵A卡），在原有酒店场景的权益上，将会员的附加权益延伸至包括出行、阅读、运动、饮食、艺术等多个生活场景。

在亚朵酒店集团看来，酒店提供的不仅仅是住宿，更是一种有品质的生活方式。因此，ACARD的权益首次跳出住宿场景，将阅读、咖啡、健身、新零售等众多权益进行有机组合。

首先，将拥有百万册图书的竹居的免费借阅权益嵌入ACARD中。作为一个24h×7的流动图书馆，亚朵竹居可实现带走图书并在异地亚朵归还。全国130多座城市，700多家竹居将为在路上的用户提供最温暖的陪伴。

而在新零售领域，ACARD整合了亚朵集团的场景零售平台——亚朵百货。其孵化的三大原创生活方式品牌："α TOUR PLANET 亚朵星球""SAVHE 萨和""Z2GO&CO."，覆盖睡眠、香氛个护及出行等多个领域。ACARD会员每个月都可以领到优惠券，以更优惠的价格体验亚朵产品。

在健身场景中，选择和Keep开展较为深度的合作，给会员提供在途的健身体验。Keep 将 APP 中的十款收费的课程，在亚朵全国范围内的 100 多家门店上线。只要亚朵 A 卡会员入住这 100 多家门店，就可以打开电视的智慧屏，立即免费体验 Keep 的付费课程。

除此之外，此次亚朵 A 卡的会员权益体系中还有包括单向空间、UCCA、力波啤酒、拉面说、倍轻松、高德打车、曹操出行等众多品牌的权益，力求为 ACARD 会员创造更加丰富的会员体验。

此前酒店行业的会员体系，基本上就是围绕在酒店场景，消费越多，酒店能够给到的优惠或是折合间夜数越多，可能再多一点的服务就是用积分换一些酒店内的餐饮等其他服务。而亚朵新的会员体系在原有酒店权益的基础上，有机整合了更多用户有高频需求的生活方式类功能和权益，成为 ACARD 会员，拥有的权益就能覆盖其日常的生活。

注：此案例改编自《酒店传统会员模式已过时？亚朵推出这张 ACARD 让客户玩到嗨》. 新旅界，2022-07-01。

第三节　精益服务管理

一、精益思想

20 世纪 80 年代到 90 年代，一批欧美学者、业者通过深入观察分析日本汽车产业，特别是丰田公司的成功管理实践，总结出一套精益生产方式，即以越来越少的投入创造出尽可能多的价值。与当时欧美汽车企业普遍采用的大规模生产方式相比，精益生产在消除浪费、节省成本、提高效率等方面具有明显的优势，迅速成为汽车及其他制造业学习的标杆。1996 年，沃麦克、琼斯和鲁斯（Womack, Jones & Roos, 1966）在《精益思想》中指出，所谓精益思想，就是根据用户需求定义企业生产价值，按照价值流组织全部生产活动，使要保留下来的、创造价值的各个活动流动起来，让用户的需求拉动产品生产，使之不断完善，达到尽善尽美。

精益思想在对企业价值的描述上，并不是传统的"收入 = 成本 + 效益"的模式，而是"效益 = 收入 - 成本"。虽然两者是相同的逻辑关系，但是却是两种不同的结果导向,我们也不难得出精益的重点和方向,即精益思想对效益的关注是增加收入和减少成本。

二、精益管理

精益管理源于精益生产。精益生产(Lean Production,简称LP)是美国麻省理工学院教授詹姆斯·P.沃麦克等专家通过"国际汽车计划(IMVP)"对全世界17个国家90多个汽车制造厂的调查和对比分析,认为日本丰田汽车公司的生产方式是最适用于现代制造企业的一种生产组织管理方式。

1985年,IMVP组织了一支国际性的研究队伍,耗资500万美元,历时5年,对全世界17个国家和地区(北美、西欧、日本以及韩国和中国台湾等)的90多个汽车制造厂进行了调查和对比分析,写出了大量研究报告,最后出版了一本名为《改变世界机器》的著作,推出了一种以日本丰田生产方式为原型的"精益生产方式"。

精益管理已经由最初的生产系统的管理实践逐步延伸到企业的各项管理业务,也由最初的具体业务管理方法上升为战略管理理念。它能够通过提高顾客满意度、降低成本、提高质量、加快流程速度和改善资本投入,使股东价值实现最大化。

"精"可以理解为精简、精益求精、出精品,"益"可以理解为有利益、有益处。"精益"可以理解为在精的基础上实现有利益、有益处。"精益管理"可以理解为用精益求精的思想,用精益的思维方式,用精益的价值观念,用精益的企业文化,对企业实施精益管理。具体可以理解为精简没有必要的消耗,没有必要的机构设置,没有必要的产业流程,没有必要的工作流程,以最小的成本投入实现企业效益的最大化,企业价值的最大化。

三、精益管理的原则

(一)识别价值流

价值流是使一个特定产品通过任何一项商务活动的三项关键性管理任务时所必需的一组特定活动。这三项任务是:在从概念设想,通过细节设计与工程，到投产的全过程中的解决问题的任务；在从接受订单到制定详细进度到送货的全过程中的信息管理的任务；在从原材料制成最终产品，送到用户手中的物质转化的任务。确定每个产品的价值流是精益生产的第二步。

价值流分析几乎总能显示出沿价值流的三种活动方式：①有很多明确的创造价值的步骤；②有很多虽然不创造价值，但在现有技术和生产条件下不可避免的其他步骤（称之为一型浪费）；③还有很多不创造价值而且可以立即去掉的步骤（称之为二型浪费）。

如果用这种方法去检验生产过程，就会发现，原来在人们习以为常的生产方式当中，竟然存在如此多的浪费，更为重要的是人们对此还是一无所知。

现代社会企业的外购项目逐渐增加而自制项目逐渐减少，真正需要做的是有共同利益的各方面自愿组成联合，一起查看被分割开的价值流。这种联合要检验每一个创造价值的步骤，而且要持续到产品的最后。

（二）精确地确定产品的价值

精益思想的关键出发点是价值。精确地确定产品的价值是精益生产的重要前提和根本保证。在全球范围内，多数的企业有这样一种认识：我们的顾客认为价值是由生产者创造的，生产者的劳动是价值形成的原因，也是生产者之所以存在的理由。在欧洲，尤其是德国，公司的高级管理者们很热衷于提高他们产品的性能和生产工艺的水平（他们认为这是产品的价值所在），然后向他们的顾客去介绍和推销自己的产品，虽然他们产品的功能在用户看来并不实用。到了日本，企业在定义产品的价值时，更注意创造价值的地点，甚至在丰田这个精益生产的先驱企业，为了满足国内社会对于长期雇佣和稳定零部件协作商关系的需要，大多数的高级管理人员在定义价值时，也是先考虑怎样在国内设计和制造产品。

因此，精益思想从一种自觉的尝试开始，通过与用户的对话，为具有特定功能以特定价格提供的产品精确定义价值。

（三）价值流流动

所谓价值流流动，就要使保留下来的、创造价值的各个步骤流动起来。

在汽车制造业，亨利·福特和他的助手们是最先认识到流动潜力的人。1913年，福特把轿车总装生产转变为连续流动生产，使福特的T型车的总装工作量减少了90%。同样，福特把这种原理应用到其他生产过程，由此大大提高了整个生产过程的生产率。但是，福特只是发现了特例，而真正的挑战在于：在少量生产时期创造连续流动。

精益的方法是要重新定义职能、部门和企业的作用，使它们能对创造价值作出积极的贡献，要明确价值流上每一点的员工真正需要，因此，使价值流动起来才真正符合员工的利益。这不仅要求为每种产品建立精益企业，还应该重新思考传统的企业、职能、职业，重新考虑精益战略的发展。

（四）尽善尽美

当各种组织开始精确地确定价值、识别出整个价值流，使得特定产品创造价值的各个步骤连续流动起来并且让用户从企业拉动价值时，积极影响就开始显现了。它表现为，在提供出一个比以往都更加接近用户真正需要的产品时，人们也在无止境地不断减少付出的努力、时间、场地、成本和错误，不断趋近尽善尽美。

追求尽善尽美的最重要的驱动力就是透明度。在精益系统中的每个人，从分包商、第一层供应商、组装厂、批发商、用户到员工，都可以看到所有的流程，因而易于发现创造价值的较好方法。而且，员工作出的改进几乎立刻就可以得到积极的反馈。这正是精益工作的关键特征，也是对不断努力寻求改进的强有力促动。当员工开始从产品开发、接单和生产流动中能够得到及时的反馈，能够看到顾客满意时，传统管理中大部分的"胡萝卜加大棒"的方法也就不必要了。

（五）顾客拉动

从"部门"和"批量"转化到"生产团队"和"流动"，第一个可见的效果是从概念投产、原材料、销售到送货、产品抵达用户所需的时间大大地减少了。引进了流动以后，需要几年才能设计出来的产品，在几个月内就可以完成；需要若干天才能办完的订货手续，几小时就可以办完；而且精益系统可以使正在生产的所有产品进行任意组合，所以需求可以及时得到满足。

精益生产的这种做法能从库存量下降和投资回收速度加快中大幅度节省资金，属于革命性的成就。因为一旦有了在客户需要的时候就能设计、排产和制造出用户真正需要的产品的能力，就意味着企业可以做到以需定产，由用户需求拉动产品，而不是把用户不想要的产品硬推给用户。

四、精益服务管理

（一）精益服务概述

随着企业竞争的加剧，以及消费者对服务需求的日益提升，服务企业也开始面临成本与质量权衡的挑战，在此背景下，学界与业界展开了对精益服务的研究。事实上，詹姆斯·沃麦克等人在介绍丰田生产方式时，就专门谈到了丰田是如何注重捕捉客户的需求以及努力建立生产系统与客户之间的联系。在《精益思想》一书中，作者强调了从客户的视角，而不是生产商的视角定义产品的价值。他更进一步指出，"生产更好的产品"并不意味着企业能够"提供更满意的消费"。要真正满足客户的需求，企业必须"在所需要的时间和地点，提供消费者真正需要的商品和服务，又不给消费者增加负担"。

所谓精益服务管理，就是将精益思想导入服务中，通过管理流程、基础运营和供求平衡等方面的变革，使服务能很快适应用户需求的不断变化，并能使服务过程中的一切"非增值"活动被精简，最终实现服务营销的最优，其精髓就是使服务更加完美。

使服务更加完美体现在以下三个方面：

（1）服务效率更高：服务效率提高，顾客等待的时间缩短。

（2）服务质量更好：服务更加规范，服务质量就会得到改善。

（3）服务效益更佳：效率提高了，质量改善了，顾客就会更愿意为好的服务支付费用，因此服务的效益也就会更好。

精益服务管理的本质就是一切从顾客出发，为顾客创造价值。一切从顾客出发，是指从顾客的需求和期待出发；为顾客创造价值，是指顾客需求得到满足和创造，顾客期待得到实现和超越。

（二）精益服务管理的主要内容

精益服务管理以精益管理五项原则为改进方向，以实现顾客价值为根本动力。在精益服务管理中，会对以下几个要素给予更多的关注：

顾客要素：顾客既是消费者也是生产者，其双重角色要求服务企业在精益改进中不仅要关注顾客的产出需求,更要关注顾客的过程需求。

流程要素:流程要素是精益服务改进的重点,也是服务企业向顾客传递价值的渠道。

环境要素:环境要素是顾客享受服务的环境、背景,以及企业为此提供的相关支持性、辅助性设施与设备等。

员工要素:员工是服务企业的最重要资产,在精益服务的改进和实践中发挥着至关重要的作用。

(三)精益流程

在酒店业中,服务效率和结果在提升顾客满意度上尤为重要。服务效率主要体现在速度和结果两方面。服务流程的优化是提升服务速度的突破口,流程越顺畅,速度越快,服务效率越高。同时,服务标准也是服务结果的保障,是提升服务效率的关键;服务标准越完善,服务结果越好。

在实施精益流程时,应遵循的三个原则是:一是坚持顾客导向;二是坚持标准、规范;三是确保速度、效率。

精益流程的内容重点如下:

一是消除"非增值"活动。在服务活动实施过程中,"非增值"活动比较普遍,只有对识别出的"非增值"活动加以剔除,才能提高服务效率,提升客户满意度。所谓"非增值"活动,指的是影响服务速度、降低服务质量、增加服务成本却不能带来服务效果或给顾客带来不便或不满意的活动。

二是避免无效等待。所谓无效等待,就是指那些存在于流程中,浪费顾客时间,不能为顾客带来增值的环节。避免等待就要坚持顾客导向,从用户需求及其价值出发,顺着流程进行梳理,在具体的活动与行动上避免等待,最大可能减少等待时间。

流程的速度取决于流程中活动的数量与流程的时间,在流程活动量固定的情况下,无效等待越少,流程的速度越快。这就说明流程总有不断优化的空间和可能。因为随着信息技术、工艺技术的发展,新的技术和工艺在企业中不断得到应用,流程也就有了优化的空间。另外,随着经营规模的扩大、管理方法的革新,流程也需要优化。避免等待就是要通过优化操作环节,快速服务,提升流程速度,缩短顾客等待时间。

📚 **知识拓展**

 携程的精益服务体系

📚 **业界实践**

金茂诚悦：以数字化为支撑实现本土化精益管理

上饶饶商金茂诚悦酒店是金茂酒店旗下第一家做轻资产托管的高端精选商务品牌，是央企金茂与上饶饶商商会的强强联合之作，2022年筹开，2023年正式运营，客群定位年轻时尚高端科技，为新时代的都市奋斗者提供出类拔萃的商务及社交居所。

诚悦的目标客群是"年轻新一代的奋进者"，他们是年龄在25~35岁、富有朝气的企业精英和喜欢科技、时尚的政商界人士，诚悦围绕目标客户针对他们的需求打造产品，还专门设计了针对有特定需求及时尚元素的产品。比如潮玩科技体验馆、高尔夫、VR、狼人杀等元宇宙科技感产品；西式婚礼，西式的户外园林式的设计，泡泡屋及未来餐饮等时尚元素产品。除此之外，诚悦还研究其目标人群，包括他们的需求和行为习惯、消费方式，制定一套符合金茂诚悦品牌的服务流程的设定和调性，包括硬件、软件等，在合适时机再提供一些惊喜服务。

在服务三类主要客群时，诚悦也根据不同客群的特征进行个性化精益管理。比如在进行政务接待时，酒店对嘉宾的住宿、餐饮及服务细节准备无微不至，量化到谁开门、谁提行李、谁控梯，并进行了提前预演；在进行商务接待时，诚悦更多以"家文化"的服务理念，欢迎"家人"回家，以区别于传统、标准化的商业模式，更体现酒店的温馨服务；针对休闲度假的客人，酒店既考虑了科技时尚感的交互设计，又兼顾了亲子的沉浸式家庭活动设计，比如VR、亲子房、餐饮泡泡屋、亲子餐以及亲子设施等，满足了很多家庭目的地旅游体验和亲子互动的双向需求。

而精益管理的成功实现离不开数字化技术，在酒店的筹开期，诚悦将运营标准与华客系统进行结合，用来检测硬件性能、软件服务、员工综合服务能力等，最大限度发现试运营期间的问题，防患于未然。在运营期，通过深层数据分析和住中的实时预警，提升酒店的日常管理效率。在成长期，利用大数据洞察复盘服务前中后的缺陷和优势，避免经验主义，提升客户体验。通过服务数据、客户画像，结合其他系统的客单价和其他数据，设计出符合酒店客群的沉浸式、高质量体验，最终达到客户、酒店、员工三方满意的效果。

注：案例改编自金茂佟桐《以数字化支撑，实现本土化精细化运营管理》．华客学院，2023-11-23.

第四节　六西格玛质量管理

一、六西格玛的概念

六西格玛是摩托罗拉公司在20世纪70年代为了应对来自日本企业的质量挑战而采取的一种质量管理方法，后由美国通用电气公司发扬光大。它用来描述在实现质量改进时的目标和过程。西格玛（σ）是统计员用的希腊字母，指标准偏差。术语六西格玛指换算为百万分之3.4的错误/缺陷率的流程变化（六个标准偏差）尺度。

六西格玛质量是过程或产品业绩的一个统计量，是产品和业绩改进趋于完美的一个目标，也是能实现持续领先和卓越业绩的一个管理系统。六西格玛质量可以从两个方面进行理解：一是产品质量必须满足顾客的需求，使顾客满意和忠诚；二是在此条件下，产品的形成过程和结果避免缺陷，达到六西格玛水平。

六西格玛管理是一项以顾客为中心、以数据为基础、以追求近乎完美无瑕为目标的管理理念。其核心是通过一套以系统科学为依据的数据分析来测量问题、分析原因、改进优化和控制效果，使企业在动作能力方面达到最佳境界。因此，六西格玛管理的推进也是一项有序的科学的方法论。

二、六西格玛法

六西格玛法有两种方法，来自戴明的计划—实施—检查—行动循环。这些方法中的每一项还包括五个步骤，可以称为 DMAIC 方法和 DMADV 方法。DMAIC 用于改善现有的商业流程，DMADV 用于建立新的产品或设计流程体系。

（一）DMAIC 方法

DMAIC 项目方法分为五个步骤：

D：定义问题，明确客户需求和项目目标等。

M：测量当前流程的关键方面，收集相关资料。

A：分析数据，寻求和检验原因和效果之间的关系，确定是什么关系，然后确保考虑到所有因素。通过调查，发现造成残次品的根本原因。

I：提升优化当前流程，根据分析数据，运用不同方法，如实验设计、防误防错或错误校对，利用标准工作创建一个新的、未来的理想流程，建立规范运作流程能力。

C：控制改变未来流程，确保任何偏离目标的误差都可以修正；优化执行控制系统，如统计流程控制，生产板、可见工作区和流程持续改善等。

有些公司还增加了一个 R 认知步骤，就是认知需要针对的正确问题，于是产生了 RDMAIC 方法。

（二）DMADV 法

DMADV 项目方法，也称为 DFSS（六西格玛设计图），包括五个步骤：

D：定义设计符合客户需要和其他目标的战略。

M：摸准确定 CTQ（对质量至关重要的参数）、产品性能、生产流程性能和风险等。

A：分析是否有替代方法，创建高性能的设计、评估设计技能，选择最佳的设计方案。

D：设计细节、优化设计，对设计审核进行评估，这个过程可能需要模拟操作。

V：检查设计，建立规范模型，实施生产流程，并且提交给流程所有者。

三、六西格玛管理的特点

（一）对顾客需求的高度关注

六西格玛管理以更为广泛的视角，关注影响顾客满意的所有方面。六西格玛管理的绩效评估首先就是从顾客开始的，其改进的程度用对顾客满意度和价值的影响来衡量。它把顾客的期望作为目标，并且不断超越这种期望。

（二）高度依赖统计数据

统计数据是实施六西格玛管理的重要工具，以数据来说明一切，所有的生产表现、执行能力等，都量化为具体的数据，成果一目了然。决策者及经理人可以从各种统计报表中找出问题在哪里，真实掌握产品不合格情况和顾客抱怨情况等。而改善的成果，如成本节约、利润增加等，也都以统计资料与财务数据为依据。

（三）重视改善业务流程

传统的质量管理理论和方法往往侧重结果，通过在生产的终端加强检验以及开展售后服务来确保产品质量。然而，生产过程中已产生的废品对企业已经造成损失，售后维修需要花费企业额外的成本支出。更为糟糕的是，由于容许一定比例的废品已司空见惯，人们逐渐丧失了主动改进的意识。六西格玛管理将重点放在产生缺陷的根本原因上，认为质量是靠流程的优化，而不是通过严格地对最终产品的检验来实现的。企业应该把资源放在认识、改善和控制原因上，而不是放在质量检查、售后服务等活动上。质量不是企业内某个部门和某个人的事情，而是每个部门及每个人的工作，追求完美成为企业中每一个成员的行为。六西格玛管理有一整套严谨的工具和方法来帮助企业推广实施流程优化工作，识别并排除那些不能给顾客带来价值的成本浪费，消除无附加值活动，缩短生产经营循环周期。

（四）积极开展主动改进型管理

掌握了六西格玛管理方法，就好像找到了一个重新观察企业的放大镜。

人们惊讶地发现，缺陷犹如灰尘，存在于企业的各个角落。这使管理者和员工感到不安。要想变被动为主动，努力为企业做点什么。员工会不断地问自己：问题出在哪里？能做到什么程度？通过努力提高了吗？这样，企业就始终处于一种不断改进的过程中。

（五）倡导无界限合作

六西格玛管理扩展了合作的机会。当人们确实认识到流程改进对于提高产品品质的重要性时，就会意识到在工作流程中各个部门、各个环节的相互依赖性，从而加强部门之间、上下环节之间的合作和配合。由于六西格玛管理所追求的品质改进是一个永无终止的过程，而这种持续的改进必须以员工素质的不断提高为条件，因此，六西格玛管理有助于形成勤于学习的企业氛围。事实上，导入六西格玛管理的过程，本身就是一个不断培训和学习的过程，通过组建推行六西格玛管理的骨干队伍，对全员进行分层次的培训，使大家都了解和掌握六西格玛管理的要点，充分发挥员工的积极性和创造性，在实践中不断进取。

四、精益六西格玛

精益（Lean）是起源于丰田的一套管理方法，目的是消除浪费，减短周期时间，提高生产效率。从精益和六西格玛管理法二者之间的联系看，二者在哲学思想上都致力于消除浪费，追求完美；在关注焦点上都以顾客需求为核心。因此，精益与六西格玛管理法的结合——精益六西格玛可以帮助企业管理实现从战略层次到战术层次全方位的整合，是企业业务流程的优化，是企业追求卓越的过程。

通过实施精益六西格玛，企业可以在以下几个方面获得收益：

（1）减小业务流程的变异，提高过程中的执行能力和稳定性，提高过程或产品的稳健性。

（2）减少在制品数量，减少库存，降低成本。

（3）提高生产频次，缩短生产准备时间，准确快速理解顾客的需求。

（4）改善设施布置，减小生产占用空间，有效利用资源。

（5）提高顾客满意度，提高市场占有率。

精益六西格玛的力量在于整个系统。精益六西格玛不是精益和六西格玛简单的相加，而是把精益与六西格玛有机结合起来，处理整个系统的问题。未来，精益六西格玛将逐渐取代单独的精益与六西格玛，成为质量管理方法改良的必然趋势。

五、六西格玛管理在酒店中的应用

因为六西格玛起源于制造部门，许多人认为六西格玛不适用于像酒店这样的服务企业。因为酒店流程在很大程度上由人来完成，所以经常不做测量或测量不准，所以许多人认为没有需要测量的缺陷。在服务企业中应用六西格玛，要测量四个关键性指标：①精确性，使用正确财务数据、完整的信息，不能有数据误差。②周期时间，多长时间能完成规定的任务，如支付货款的时间。③成本，即内部流程活动所发生的费用。在许多情况下，成本在很大程度上取决于精确性或流程的周转时间；持续时间越长，就越有可能出现错误，成本也就越高。④顾客满意度，这是代表测量成功的首要因素。

例如，考虑酒店客房服务人员怎样应用 DMAIC 方法。在定义阶段，关键问题是定义缺陷的表现形式。首先，建立一个明确的流程，说明如何开展这些活动。例如，在桌子上留下擦痕，就是一个失误，因为这很可能是顾客不满意的一个方面。在测量阶段，酒店不仅要收集出现错误的频次，而且要告知员工用什么样的产品和工具。在分析阶段，分析评估员工之间的差异，为什么有的做得好，有的做得差。制定标准操作规程（SOP）是改进阶段的重要一点。最后，在控制阶段，应该教给员工正确的技术以及测量改进效果的方法。

思考题

1．以我国一家酒店为例，试运用全面质量管理思路，分析其服务质量管理体系。

2．酒店如何运用和开展精益管理和六西格玛管理这两种服务管理工具？试以国内外著名酒店为例进行说明。

第七章 酒店服务质量评价标准

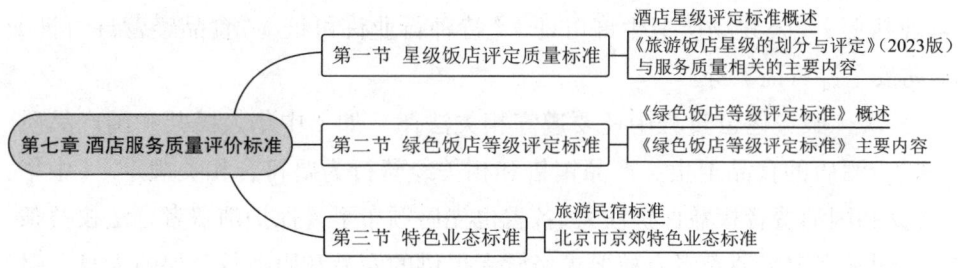

在酒店业服务质量的评价体系中，由第三方提供的评价标准具有重要的地位和作用。由于第三方通常独立于酒店，能够作出相对客观公正的评价，因此由其提供的相对权威的、行业公认的评价标准往往是酒店从事设计开发、运营管理、服务等工作的重要参考，很多酒店或酒店集团也都在严格参照和执行这些标准来推进自己的各方面工作，或者依照这些标准来完善和形成自身的管理标准。这些第三方评价标准中，绝大多数都是非强制的标准，即推荐性标准，酒店可以自行选择是否执行。

其中，"第三方"在我国主要是指政府相关管理部门、行业协会组织、平台企业等，在国外主要是行业协会以及带有营利性质的企业、机构等。具体来看，由于国情、发展历史等原因，我国酒店业发展中的最权威的行业标准主要由政府部门来制定和出台，其中由文化和旅游部制定、出台和修订的《旅游饭店星级的划分与评定》是当前酒店业标准中最具权威性且影响最广泛的标准，该标准的执行工作由中国旅游饭店业协会完成。各级地方政府也会出台一些与住宿业相关的行业标准。另一大类是由中国旅游饭店业协会、中国饭店业协会等国家级行业协会牵头制定的行业标准、地方标准等，如《绿色饭店等级评定标准》等，还有由平台企业（如旅游在线服务商，OTA）为了满足平台上酒店商家企业的管理需求而出台的评价标准，如携程、美团等制定的酒店评价标准。

此外，酒店的服务质量管理要遵守国家的相关法律法规的要求，这些要求大部分是酒店必须要满足的，是比标准要更高的要求。一般来看，主要有如下法律法规要求。

首先，开业前需要办理的证照中，很多和服务质量的一些内容相关，如《营业执照》《公共场所卫生许可证》《特种行业许可证》《食品经营许可证》《消防安全许可证》等。

其次，服务运营过程中还要遵守相关法律。如《中华人民共和国产品质量法》，酒店的食品卫生、产品销售和相关经营行为要符合相关规定。《中华人民共和国消费者权益保护法》，各省也先后颁布了《保护消费者合法权益条例》，明确规定了消费者有权要求经营者提供的商品和服务符合保障人身、财产安全的要求。因购买、使用商品或者接受服务受到人身、财产损害的，享有依法获得赔偿的权利。对消费者就其提供的商品或服务质量和使用方法等问题提出询问，应作出真实、明确的答复。应当保证其提供的商品或服务的实际质量与表明的质量状况相符。此外还有《中华人民共和国食品卫生法》《中华人民共和国环境保护法》《中华人民共和国传染病防治法》等，也与酒店运营息息相关。

第一节 星级饭店评定质量标准

一、酒店星级评定标准概述

对酒店进行星级评定，是国际上通行的做法。实施这一标准的目的是使酒店管理向正规化、科学化的目标迈进，同时也方便旅游者选择住宿酒店。星级评定标准中的"星"用来表示酒店等级，以"星"来反映酒店的硬件、软件水平，是一种国际化的通用做法。

星级评定标准的作用主要体现在如下几个方面：一是作为一种"质量信号"传递给消费者，有利于顾客选择，降低了挑选成本和可能出现的质量问题风险；二是作为酒店经营管理水平的一种基础性标志，既为酒店经营管理提供了指导和参考，也为酒店行业管理提供了参考依据，从而会提高行业整体的管理水平。

《旅游饭店星级的划分与评定》是伴随我国旅游业发展和接待服务水平与国际接轨的过程而出台和不断修订的。国家旅游局根据国务院要求，于1984年1月在天津召开酒店经理会议，首次提出划分酒店等级的设想，1986年参照国际上通行的酒店管理要求，开始同国务院有关部委协商，正式启动起草饭店等级评定的标准。1988年经国务院批准，国家旅游局颁布实施《中华人民共和国评定旅游涉外饭店星级的规定》以及《中华人民共和国旅游涉外饭店星级标准》，1993年9月1日，经国家技术监督局重新审核修订作为国家标准，正式颁布了《中华人民共和国旅游涉外饭店星级划分与评定》（GB/T14308-1993）。这是我国第一个饭店行业管理的国家标准。1997年国家技术监督局再次修订并以国家标准颁布（GB/T14308-1997），2003年国家旅游局和国家技术监督局根据形势的变化和十几年星级饭店评定的经验，第三次重新修订了标准，并于2005年实施。第四次是2010年修订，变化较大，主要是在必备项目中，高度强调刚性要求，低星级减少项目配套和非常用服务项目，高星级突出强调品质和客房核心产品；推出类型划分，引导特色经营；适应时代发展要求，关注节能减排和应急预案管理；注重服务质量标准的操作性。第五次修订后是于2024年3月1日开始正式实施（GB/T14308-2023），相比较于上一版本国家标准，本次修订的主要变化体现在以下五个方面：一是更加注重贯彻新发展理念，彰显标准的引领性；二是更加注重满足游客核心需求，彰显标准的实用性；三是更加注重减轻企业经营负担，彰显标准的时代性；四是更加注重优化评定办法，彰显标准的科学性；五是更加注重服务质量监管，彰显标准的约束性。

《旅游饭店星级的划分与评定》标准由文化和旅游部牵头制定，其具体实施工作，包括饭店星级的评定、复核、标准的宣贯等工作由中国旅游饭店业协会具体执行。

二、《旅游饭店星级的划分与评定》(2023版)与服务质量相关的主要内容

(一)基本要求

应坚持社会主义核心价值观,诚信经营。

应符合治安、消防、卫生、环境保护、安全等有关要求。

应坚持新发展理念,落实低碳节能、绿色环保、制止餐饮浪费、垃圾分类、塑料污染治理等相关要求。

应坚持文旅深度融合发展,弘扬优秀文化,发挥文化传播窗口作用。

应按要求向文化和旅游行政主管部门报送统计调查资料,根据规定向相关部门上报突发事件等信息。

饭店内所有区域应达到同一星级的运营规范和管理要求。饭店评定星级时不应因为某一区域所有权或经营权的分离,或因为建筑物的分隔而区别对待。

饭店开业一年后可申请评定星级,经相应星级评定机构评定合格后取得星级标志,有效期为5年。

(二)服务质量管理

员工应遵守职业道德和规章制度。

员工应遵守服务规范,执行操作程序。

员工对客服务应礼貌、亲切、热情、友好。

应关注宾客需求,重视宾客体验。

应为残障人士提供必要的服务。

(三)公共卫生管理

应定期消毒和消杀虫害。

应设立必要的消毒间,设施有效。

员工应持有效健康证上岗。

应建立完善的卫生安全检查制度并有效落实。

应制定突发公共卫生事件应急预案。

（四）运营管理

应有员工手册。

应有服务规范、管理规范和操作程序等规章制度，并适时更新。

应有完善的员工培训体系，员工知晓本岗位工作要求，并掌握相关技能。

（五）安全管理要求

应取得必要的安全许可证。

应确保各类设施设备安全有效地运行，并定期对设施设备进行检修保养。

应建立并执行安全管理制度。

应符合食品安全有关要求。

饭店提供的文字、讲解、电视频道、图片音像等服务以及宣传资料应符合国家有关要求。

应制定突发事件（包括火灾、自然灾害、饭店建筑物和设施设备事故、食品安全事件、社会治安事件、公关和舆情危机等）处置的应急预案，并定期演练。

应保护宾客信息及隐私安全。

（六）饭店运营质量

饭店运营质量的评价内容分为总体要求、前厅、客房、餐饮、其他服务项目与公共区域、周围环境与后台区域6个大项。其中五星级旅游饭店在前厅、客房、餐饮、其他服务项目与公共区域部分引入宾客网络评价数据。

第二节 绿色饭店等级评定标准

一、《绿色饭店等级评定标准》概述

绿色饭店的英文是 green hotel 或 eco-efficient hotel、environmental friendly hotel，是在规划、建设和经营过程中，坚持以节约资源、保护环境、安全健康为理念，以科学的设计和有效的管理、技术措施为手段，以资源效率最大化、环境影响最小化为目标，为消费者提供安全、健康服务的饭店。绿色饭店的本质是正确处理人与自然环境的关系，合理利用资源，同时改善饭店的环境质量，提高饭店的服务水平。要建设绿色饭店，就要从饭店的选址建造、发展战略、经营理念、管理模式、服务方式到企业文化的全过程都要贯穿可持续发展思想，正确处理人与自然环境的关系。

建设绿色饭店的意义在于：

第一，节约成本。这是实现在"双碳"大环境下，中国饭店业提高经营水平、转型升级的重要发力点，通过能源的节能减排、降低能耗，可以直接降低饭店的经营成本。另外，饭店排放的各种废物在收集、运输和处理等方面的费用不断上涨。同时，政府对不当排污的有关处罚力度也在不断加大，饭店需要承受越来越大的成本压力。饭店通过废料再循环利用，或者通过使用一些小包装的客用品或员工用品都可以为饭店节约不少成本。第二，增加饭店收入。绿色饭店往往吸引一批国内外具有环保意识、强调绿色消费的客源。第三，是饭店产品质量的长期保障。建设绿色饭店能从长远保证饭店产品的质量，应是饭店质量战略规划的一个重要部分。随着国家对环保立法的完善和公众关注程度的提高，饭店必然要采取措施来适应这一大环境的变化。不符合环境保护要求的饭店，其产品质量既不能让顾客满意，也不能得到社会的认可。

《绿色饭店等级评定标准》（GB/T21084-2003）是由中国饭店协会制定并由国家标准化管理委员会发布的标准，是我国饭店与餐饮业首部绿色标准，适用于我国境内的所有酒店、餐馆、宾馆、酒家、度假村等企业。绿色饭店等级评定采用企业自愿申请，并组织相关人员参加培训的方式进行，一个企业评定一个等级，如果企业由若干分店组成，应按各店的实际情况分别评定等级，如果是连锁店，可以统一申报，一次评定。经评定的绿色饭店，由绿色饭店的评定机构每两年进行一次年审，每四年进行一次复审。

二、《绿色饭店等级评定标准》主要内容

（一）基本要求

遵守建设和运营中涉及的节能、环保、卫生、防疫、安全、规划等法律、法规和标准的要求。

制定环境方针，明确绿色行动目标和可量化指标，并有完善的经营管理制度保障执行。

有相应组织机构，有绿色行动的考核及奖励制度，有高层管理者具体负责创建活动。

每年有为员工提供绿色饭店相关知识的教育和培训，包括节能节水、环境保护技术及管理、消防教育、职业安全教育和食品安全教育。

提供绿色行动的预算资金及人力资源的支持。

有倡导节约资源、保护环境和绿色消费的宣传行动以营造绿色消费环境的氛围，对消费者的节约、环保消费行为能够提供多项鼓励措施。

近三年内无安全事故和环境污染超标事故。

（二）绿色设计

1. 环境设计

选址远离高辐射、高污染地区。

设计中充分体现当地自然、人文和谐和对生物多样性的保护。

不造成当地生态环境的破坏。

2. 建筑设计

设计中体现节能省地理念，无建筑空间的浪费。

有隔热、降噪、保温材料的设计与运用。

有自然采光的设计与运用。

采用环保、安全、健康的建筑材料和装修。

3. 流程设计

有积极利用地热能、太阳能、风能、水能等可再生能源和替代能源的设计。

有能源、资源循环利用设计。

有在服务、产品形成过程中清洁生产的设计。

（三）安全管理

有安全生产例会制度和生产安全事故隐患排查制度并执行。

设备设施安全可靠，危险设备、设施及区域设置栅栏隔离或警示标识提示。

有公共安全、消防安全、食品安全等突发事件应急预案，并不断完善，定期组织演练。

有能够覆盖所有营业区域的中英文应急广播，客房和公共区域显著位置有各类应急图示、须知，并至少用规范的中、英文两种文字表示。

（四）节能管理

水、电、气、煤、油等主要能耗部门建立并实施责任制。

主要用能设备和功能区域安装计量仪表，鼓励饭店按标准 GB15316（节能检测技术通则）要求进行节能测试和能源审计。

每月对水、电、气、煤、油的消耗量进行监测和对比分析，定期向员工报告。

定期对空调、供热、照明等用能设备进行巡检及及时维护，减少能源损耗。

采取先进节能设备、技术和管理方法，采用节能标志产品，提高能源使用效率。

采用先进的节水器具、技术和管理方法，减少水资源的消耗。

采取可再生能源和替代能源，减少煤、气、油的使用。

公共区域夏季温度设置不低于 26℃，冬季温度不高于 20℃。

（五）能耗管理

减少一次性用品的使用。

根据顾客意愿减少客房棉织品换洗次数。

简化客房用品的包装。

节约用纸，提倡无纸化办公。

有鼓励废旧物品再利用的措施。

（六）环境保护

遵守国家或地方污染物排放标准，减少污染物排放浓度和排放总量，按照当地环境目标减排直至达到零排放。

采用先进环保技术和设备。

选择使用环境标志产品。

采取措施减少固体废弃物的排放量，固体废弃物实施分类收集，储运不对周围环境产生危害；危险性废弃物及特定的回收物料交有资质机构处理、处置。

采用有机肥料和天然杀虫方法，减少化学药剂的使用。

使用本地植物绿化环境。

（七）健康管理

绿色客房。

设有无烟客房或无烟楼层。

装修环保。

相对湿度符合 GB/T18883（室内空气质量标准）规定，温度可根据客人需要调节。

有良好的新风系统，封闭状态下无异味。

门、窗、墙壁隔音良好。

提供洁净饮用水，符合 GB/T5749（生活饮用水卫生标准）规定。

客房卫生间内的设备、设施每日进行消毒，卫生符合 GB9663（旅店业卫生标准）规定。

放置有益人体健康的绿色植物。

（八）绿色餐饮

食品加工经营场所按原料的进入、储存、处理、半成品加工、成品供应单向流程布局，功能操作间齐备。

有食品质量控制与保障体系，原料购进、检查、验收制度及记录齐全。

有专职食品安全与卫生管理人员。

采用有机、绿色、无公害食品原料，提供营养平衡食谱。

食品采购、加工、储存、处置及设备、餐器具清洁和消毒程序完善并严格执行。

餐厅设有无烟区和无烟包间。

餐厅内通风良好，无异味。

倡导分餐制，菜单中明示提供大、中、小例服务。

有引导绿色消费、节约消费提示及服务措施。

不以野生保护动植物为食品原料。

餐厨垃圾低温密封保存，并倡导进行无害化处理。

（九）绿色宣传

开展宣传绿色饭店、促进绿色消费的多种形式的社会活动。

有鼓励客人开展绿色消费的具体计划并实施。

创建绿色饭店活动有媒体的相关报道。

创建绿色饭店活动得到客人的支持和赞同，客人对饭店环境的满意程度达到 80% 以上（根据征求意见表统计）。

饭店通过采购、投资等方式促进节能、环保技术的推广和应用，推进绿色消费。

第三节　特色业态标准

一、旅游民宿标准

（一）背景介绍

伴随新时代经济的高质量发展以及人民群众对高品质生活的追求，旅游民宿成为一种体验城乡美好生活的住宿业新业态，是当前住宿业发展中最受关注的新兴、特色的业态之一。持续推进的新农村建设、美丽乡村建设造就了良好的生态大环境，为旅游民宿发展提供了广阔的空间，旅游民宿成为乡村产业兴旺、农民增收致富的新增长点和落实乡村振兴战略的有效载体，国家"十四五"规划提出"要壮大休闲农业、乡村旅游、民宿经济等特色产业"，随着大量多元类型资本涌入、大批创业者经营者进入乡村投资和经营民宿，为避免出现民宿投资过热、服务质量不高、产品服务同质化严重等问题，并进一步规范旅游民宿产业的发展，提升标准化、科学化管理水平，由文化和旅游部提出，全国旅游标准化技术委员会归口管理，出台了《旅游民宿基本要求与等级划分》国家标准（最新修订版本为 GB/T 41648-2022）。

该标准为旅游民宿管理部门和经营者提供了规范的、可参照的依据，对规范行业发展具有重要意义。同时，为旅游度假市场提供了有效的消费指引，填补了旅游领域现行国家标准的空白。标准推广实施将进一步规范管理、提升品质、维护消费者合法权益，促进旅游民宿行业的高质量发展。

（二）标准简介

《旅游民宿基本要求与等级划分》分为 11 个章节，包括适用范围、规范性引用文件、术语和定义、等级和标志、总体要求、公共环境和配套、建筑和设施、卫生和服务、经营和管理、等级划分条件、等级划分办法。标准规定了经营管理的总体要求，包括经营条件、规模、安全、卫生、防疫、环保等方面的要求；规范了建筑和设施要求，包括建筑装修、客房设施、厨房与餐厅、公共休闲设施、布草间、消洗间、卫生间等各功能区的设施要求；明确了卫生和服务要求，包括客房、餐厅、厨房、室内外公共区域及客用品卫生，主人服务、日常接待服务、定制化服务和其他服务等要求；提出了经营和管理要求，包括通过媒体平台开展宣传和营销、建立管理制度和服务规范、有效处理各类投诉等；给出了公共环境和配套要求；说明了旅游民宿等级划分条件和划分办法，旅游民宿等级评定机构对丙级、乙级和甲级实行动态管理机制。

（三）与服务管理有关的主要内容

1. 卫生和服务

（1）必备要求

客房、餐厅、厨房、室内外公共区域及设施应整洁、卫生。

客房传单、被套、枕套、毛巾等应做到每客必换，并能应宾客要求提供客房服务，公用物品应一客一消毒。

卫生间应有防潮通风措施，每天清理不少于一次，无异味、无积水、无污渍。

应采取有效的防虫、防蛇、防鼠等措施。

应及时清理垃圾，符合当地垃圾分类相关要求。

民宿主人应参与接待，邻里关系融洽。

接待人员应热情好客，穿着整齐清洁，礼仪礼节得当。

接待人员应掌握并熟练应用接待服务、客房服务、餐饮服务等业务知识和技能。

接待人员应熟悉当地旅游资源，能用普通话提供服务，可用外语提供服务。

应提供餐饮服务或周边餐饮信息。

应保护宾客隐私，尊重宾客的宗教信仰与风俗习惯，保护宾客的合法权益。

应有晚间值班人员或值班电话。

（2）选择内容

根据季节气候变化提供不同类型、松软舒适的被芯，提供不同类型的枕头。

为宾客提供免费饮品和食品。

提供线上预订、支付服务。

提供现场刷卡、开具发票服务。

为不同人群提供个性化服务。

为宾客提供定制化服务。

提供周边旅游资源介绍及相关资料。

提供安全提醒服务。

提供医疗服务信息（附近医院、诊所和药店位置信息等）。

2. 经营和管理

建立经营档案，方便对客服务。

加入当地相关民宿行业协会。

公布投诉电话，能有效处理各类投诉。

建立设施设备维护保养、烟道清洗、水箱清洗等管理制度，定期维保、有效运行。

建立管理制度和服务规范，定期对接待人员进行培训。

通过媒体平台开展宣传和营销。

保持融洽的社区关系。

二、北京市京郊特色业态标准

（一）标准简介

《京郊人家标准》是针对以北京乡村自然风景、乡村生活和农业生产为依托，为游客提供乡村生产、生活和休闲体验以及住宿、餐饮、娱乐等综合服务设施的民俗旅游接待户制定的标准。该标准从接待户所处环境、基础设施、安全、服务、客房、餐饮和娱乐活动等几方面对接待户进行标准化的规定。

该标准的制定有助于完善北京乡村旅游接待户即"京郊人家"的基础设施建设，提高其旅游服务水平，使其具备为旅游者提供标准化旅游产品的能力。该标准的制定，有利于京郊人家的后期管理，打造北京乡村民俗旅游品牌，从而促进乡村旅游产业升级，实现从民俗户向现代特色化经营户转化，从初级休闲向高级休闲转化，由同质化向差异化转化，由单体向产业带状集群布局转化，最终促进新农村建设及城乡和谐发展。

（二）与服务管理有关的主要内容

1. 总则

此处略。

2. 评定条件

（1）住宿

① 院落

院墙、大门、遮阳顶棚、围栏等材质、装饰富有农家特色，并与居住建筑外观、装饰相协调。

院内种植有观花、观叶、观果类植物；各类装饰别致，乡村特点突出。

地面平整、无杂物，各类设施及物品洁净，摆放整齐。

夜间照明充足。

院内有室外活动区域，并配有遮阳顶棚，可摆放桌椅坐席等，供游客就餐或进行其他休闲活动。

② 客房

至少有5间（套）可供出租的客房。

房型种类满足游客需求。

有客房服务价目、住宿须知等说明。

门锁为暗锁，有防盗装置。

日间采光充足，有遮光窗帘；夜间照明良好。

装修良好，装饰丰富且特色鲜明。

有软垫床、桌、椅、床头柜、衣架或衣柜等配套家具。

有独立或与主人共用的彩色电视机，画面音质清晰。

有制冷、制热设备。

24小时提供冷热饮用水。

有至少两种规格的电源插座。

有防噪音及隔音措施。

有防蚊虫措施。

客用棉织品材质良好、柔软舒适。

床单、被单及枕套等每客一换，认真清洗并消毒。

提供农家服务项目宣传品、所在地旅游景点及旅游活动场所等介绍、周边交通线路图及主要交通工具时刻表、报刊等。

（2）餐饮

① 餐厅

餐位数应至少达到 30 个。

装修良好，装饰体现农家特色。

餐台摆设整洁美观，桌椅、桌布、餐具、饮具等完好无损。

餐具、茶具应成套配置，保持洁净、无油渍。

有设计科学、装帧美观和完整清洁的菜单。

每日定时清理，保持室内卫生清洁，天花板、墙壁无蜘蛛网，地面干净无尘土。

有防蚊、蝇、虫、鼠等措施。

应保持良好的通风，有制冷制热设备。

可提供送餐服务。

② 室外就餐区域

周围空气清新，环境优美。

有遮阳、避雨的顶棚，顶棚、支架等装饰美观，与周围环境协调。

餐桌、座椅等摆设整齐，洁净无灰尘。

③ 厨房

厨房所处位置应远离脏污或有毒有害场所，传菜路线不与其他公共区域交叉。

有吊顶，墙面满铺瓷砖，用防滑材料满铺地面，有地槽。

室内光线明亮，墙壁、地面整洁、干燥、无污迹。

厨房卫生整洁，有切配凉、拌菜使用的专用刀、墩、板、容器等并保持清洁，定位存放，有明显标志，使用前应当进行清洗消毒。

洗菜区具备至少 2 个禽肉、蔬菜分开的清洗池，使用活水清洗。

食品加工生熟分开，生熟食品及半成食品分柜置放。

易腐食品冷藏，过期食品定期清理。

食（饮）具消毒设施的卫生、食（饮）具消毒方法和程序应符合 GB14934-94（食＜饮＞具消毒卫生标准）的要求。

有排油烟和通风设施。

有污水排放装置，并保证通畅。

有专门放置临时垃圾的设施并保持其封闭。

有使用明火、电、气的安全防火措施。

厨房与餐厅之间应隔音、隔热、隔气味。

厨房工作人员应着整洁的工作服，佩戴卫生帽、口罩。

采取有效的消杀蚊蝇、蟑螂等虫害措施。

④ 菜品

可提供种类丰富农家特色冷菜、热菜及主食。

采购食品原料遵守进货验收和索证索票制度，并留存备查。

可提供自种蔬菜、水果等，并保证无毒无害。

结合当地特产，开发特色菜品。

可提供具有当地特色的节庆饮食。

可提供农家特色宴席。

能代客加工自采或自钓的农副产品。

（3）活动

有简单的休闲娱乐用品、设施与活动场所，可供游客进行基本的农家娱乐活动。

可协助或组织游客参与当地各类旅游活动。

可协助游客购买当地农副特产。

农家活动能保证安全，具有趣味性。

（4）基础设施

所处位置交通便利。

有方便游客停车的场地，标识清晰，卫生整洁，与周边环境协调。

有稳定的供水供电系统。

有公用电话，并配备市内电话簿。

存放垃圾的设施设备和场地清洁、无异味，垃圾清扫、清运及时，分类处理。

（5）安全

院落及居住建筑门禁完备，能保证游客在此居住的人身财产安全。

居住建筑及其附属活动场所内安全通道、疏散楼梯保持畅通，安全标志明显，应急灯完好。

配备灭火器材，并保持完好有效。

危险区域有醒目的相关警示。

能为游客提供简单、及时的旅游救助。

有应对各种紧急事件如地震、食物中毒、恐吓电话及可疑爆炸物等的安全预案，并及时上报。

定期进行安全知识和紧急事件处理技能学习。

（6）对客服务

上岗着统一服装，且服装整洁，仪表端庄，举止文雅大方。

用普通话服务，使用礼貌用语。

熟练掌握本岗位的相关服务知识。

尊重游客民族风俗习惯、宗教信仰。

注意个人卫生，严格执行岗位卫生工作程序。

认真对待并及时合理地处理游客投诉。

（7）选择项目（至少达到其中三项）

有小卖部。

有公共音响系统。

有菜园/果园。

餐厅有吧台。

餐厅有包间。

餐具非一次性。

非现金结算（如刷卡、支票等）。

贵重物品存放。

提供当地主要交通枢纽接送。

能使用英语或其他种类外语服务。

提供网络预订服务。

建有客史档案。

获得区级及以上各类荣誉、奖励等。

有完善的管理规章制度。

有独立的网站进行对外宣传。

雇佣当地劳动力。

思考题

1．比较本章中的几个标准在服务质量方面有哪些异同？

2．几个标准对酒店业（住宿业）服务质量发展方面起到哪些作用？

3．标准是否需要不断修订？为什么？

第八章　酒店服务质量管理案例

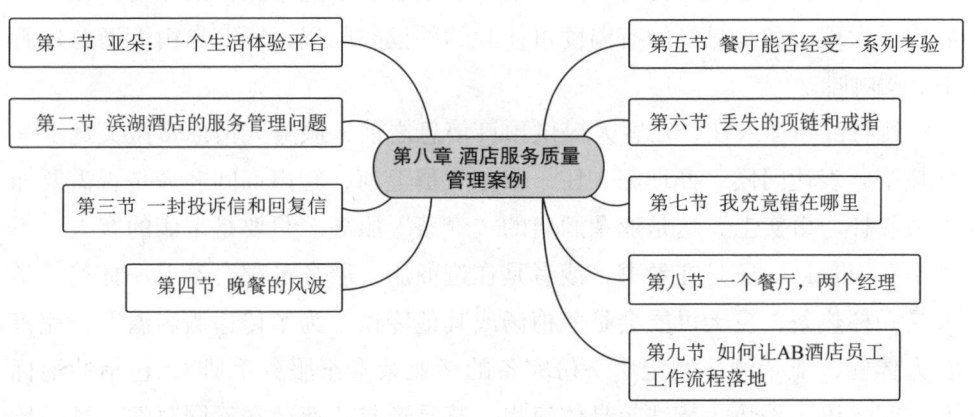

第一节　亚朵：一个生活体验平台

  2012年的夏天，那是一群热爱生活的伙伴，他们以有情有义的胸襟，昼追太阳，夜看月亮，当车行至亚朵村，他们邂逅了这个神圣的地方。亚朵村自然、清新、淳朴，虽不富足，但人与人之间诚实、信任，心存善意，常怀幸福，耶律胤深受触动，故以此为名创立了"亚朵"酒店（Atour Hotel）。

  亚朵酒店创始人兼 CEO 耶律胤敏锐地发现大多数中端酒店仍以商务为主，同质化现象严重，无法满足当前消费者在功能、服务之外更具个性化的情感需求。在这一背景下，耶律胤决定选择"新中产"作为亚朵的目标客户，定位于中端酒店市场。2013年7月，亚朵第一家酒店诞生在西安，2022年成功上市，截至2024年6月30日，亚朵集团在营酒店数量达1412家，房间数达161 686间，注册会员数超过7600万，是中国中高端酒店市场规模第一的酒店集团。亚朵从住宿出发，向追求品质生活的消费者传递人文、温暖、有趣的生活方式，并以持续改进的优质产品、服务与体验，塑造和完善人们的未来生活，"让人与人之间更有温度地连接"。

一、与君初相识，犹如故人归

走进亚朵酒店，看不到传统四五星级酒店富丽堂皇的装修，大堂里排放着几列书架，书架间悬挂着的照片给你展示着关于这个城市的厚度。在这个取代了大理石和水晶灯的有温度可体验的阅读空间里，顾客自由而惬意地看书、喝咖啡。

到前台办理入住，在客人提供预订信息之前，服务人员面带微笑送上一杯热茶，表达问候。办理完入住，服务人员上前，轻声询问客人是否需要加茶或收杯。事实上，这是亚朵酒店的"奉茶"服务。只要是来店的客人，不管是在check in还是在看书，或者是在逛商店，服务员都会奉上一杯茶。冬天是一杯热茶，夏天可能会是酸梅汤或其他冷饮。为了传递酒店温度，完善客人体验，亚朵酒店制定了一份完备的《亚朵奉茶服务手册》，包括冲泡标准、问候语、手势、清洗等具体流程。茶是道具，亚朵在不同时间、场合始终为客人创造宾至如归的体验。

进入房间，装修风格质朴素雅。墙上有一大幅来自亚朵签约摄影师的摄影作品，映衬着整洁舒适的大床，棉被有一股淡淡的亚麻气味，令人愉悦。桌上摆有精致的茶具；盥洗台摆有阿芙精油，软毛、硬毛两种牙刷，洗漱杯是不同颜色的，以便区分；卫生间马桶旁有充电插头，以备商旅人士不时之需；卫生纸是草木原色，亲肤不添加荧光剂；自助茶包有普洱、白茶等种类，茶包并非粉末而是茶叶原叶，来自与酒店合作的贫困地区茶园。这时，你可能会接到来自前台的一个电话，问询顾客对房间的感受，如有问题将得到及时解决，还有可能得到升级服务。住店全程处处体现亚朵在乎顾客的每一刻体验，注重创造体验峰值。大概每个人在住酒店的时候都遇到过这样的情况：感觉床垫、枕头特别舒服，想在自家也备一个，但无奈搜遍全网都找不到同款。而在亚朵却不用担心这一点，因为亚朵商城为你提供了解决方案。房间里的用品带有二维码，消费者不仅可以通过扫码轻松购买到酒店同款，还可以购买到其他许多优质的家居产品。

当你在酒店用早餐忘带餐券时,服务员不仅不会阻拦反而会温馨问候用餐愉快;当你在深夜想吃宵夜时,前台帮你代收了外卖;当你准备出门在"竹居"等候朋友时,服务员热情奉上一杯茶;当你在酒店各个场合空间游览时,你都能看到丰富多彩的属地摄影;当你退房离店时,前台将送上两瓶温热的水,亚朵称之"别有甘泉";如果你要赶行程而错过早餐时间,酒店将提前奉上一份打包好的早餐,亚朵称之为"吕蒙路早"。

与君初相识,犹如故人归。"你说如果要把酒店做得像家一样,还需要层层请示?还需要排队交押金吗?"在亚朵,耶律胤给每个员工授权 300 元去做个性化服务。"我觉得所有的服务,有几个境界,最基本的是满意,再往上是惊喜,再往上是感动。如果今天没有满意的服务,住客不再回来。亚朵希望给人塑造旅途中的意外之喜,这是我们的目标,要做有温度的服务。"

二、第四空间,成就一种生活方式

20 世纪 90 年代星巴克用美国社会学家欧登伯格提出的"第三空间"概念重新定义了咖啡店,认为星巴克是家(第一空间)和办公室(第二空间)之外的第三空间,为现代人提供一个更为浪漫、轻松和悠闲的社交场所。

亚朵在星巴克的基础上提出"第四空间"的概念,认为除了家、办公室和星巴克之外,在路上的"第四空间"承载着人们旅途中的欢乐与悠闲、忙碌与释然。而亚朵所携带的人文、静谧、温暖的品牌基因则赋予了第四空间更多的精神内涵。打造第四空间,亚朵不止是喊口号,而是借助阅读和摄影两个极具人文气息的抓手,重新定义第四空间——"在路上",以撬动追求更高体验和情感共鸣的新中产群体。

竹居: 亚朵的大堂不叫大堂,而叫"竹居",是每一家亚朵酒店的标配。根据竹居面积的不同,藏书数量也会有所不同。每间竹居藏书在 1000 册到 5000 册不等。这些书的选择都是由专门的编辑团队,也就是传说中人人欲羡的"第一美差"来完成的。每一本书都是由专业团队根据新中产的旅游场景精心挑选的,以文学、艺术、社科、历史为主要方向,辅以经典绘本,只有内容和颜值兼备才能在亚朵竹居上架。同时,竹居还是个免费的流动图书馆,不仅有会员在这里看书工作,社区里的朋友也可以在竹居看书聊天。书可以带回房间阅读,也可以带走异地归还,无需押金和担保等限制。

属地摄影：亚朵的壁画也不叫壁画，而叫"属地摄影"。亚朵的大部分客户都是商旅人群，这些人往往行色匆匆，来不及走进城市的大街小巷去细细品味城市的厚度。因此每当新店开业之始，亚朵都会根据地理位置设定主题并向会员和签约摄影师征集展现当地特色的照片作为酒店的装饰照，让匆忙前行的新中产们得以概略和直观地了解这个城市。摄影作品包括属地的自然风景、人文景观、风俗人情、生态环境等。让客人透过摄影者的镜头，了解一座城市的前世今生，品味一个城市的独特性格。例如，亚朵曾经在全国148个城市征集了20多万幅属地摄影作品，拥有5万张属地摄影的版权，参与的摄影师约为2万名。每一家亚朵酒店，都是一座属地化摄影展览馆，更是一座丰富的人文影像资料库。可以说，竹居和属地摄影一方面重构了酒店的物理场景，使得亚朵不再只是一家酒店，还是一家图书馆和摄影艺术馆，另一方面也重新赋予了新中产出行场景的意义，不再只是行色匆匆的商务出行，而是可以汲取养分和享受人文的新式旅途。"属地摄影"为了保证照片的独一无二，并没有直接采用已经发表的成熟的作品，而是另辟蹊径面向社会征稿，这个决策慢慢使亚朵培育出了一个酒店消费外的互动社区。顾客不仅可以在酒店感受作品，还可以在线上社区参与摄影讨论，无形之中扩宽体验维度。一旦亚朵有征稿需求，他们就会通过微信渠道投稿，这无形中为亚朵开拓了一批摄影爱好者客户群体。

除此之外，亚朵的每一个空间都有一个特别的名字，宿归（房间）、汗出（健身房）、共语（会议室）、出尘（自助洗衣房）、相招（属地特色早餐）等，在完善硬件设施的同时更给亚朵增添了几分诗意。

三、始于酒店，不止于酒店

亚朵非常注重顾客在空间场景里的体验，除第四空间外，更具代表性的便是亚朵 IP 酒店矩阵。

基于第四空间的 IP 酒店：2014 年吴晓波频道书友会成立，却一直苦于没有固定的场所开展线下活动，而亚朵拥有天然的阅读交流空间"竹居"，却没有固定社群。于是拥有"场景"的亚朵找到了拥有"社群"的吴晓波，提出为书友会提供免费的活动场地。同时，吴晓波频道的书友可以免费参加亚朵定期开展的旅行、摄影、文学等分享活动。因此 2016 年 11 月 9 日，亚朵

CEO 耶律胤和吴晓波正式宣布联手打造中国首家社群酒店——亚朵 S 吴酒店，这不仅开辟了国内 IP 酒店的先河，也开始了亚朵 IP 酒店的扩张步伐。

跨界合作，丰富体验：如果说与吴晓波的合作是亚朵基于第四空间对 IP 酒店的初步试水，那么接下来的跨界合作亚朵则在不断赋予 IP 酒店新的可能性。快节奏的生活让每个人都带上了一副焦虑的面孔，而亚朵的品牌使命是通过第四空间将静谧、舒适的生活方式带给消费者。在这样的背景下，亚朵先后与知乎、同道大叔合作"有问题"酒店和"慢一点"酒店，引发新中产对生活方式的思考，去聆听生活的絮语，感受思考和生活的乐趣。两家 IP 酒店吸引了大量流量之后，亚朵瞄准特定人群，跨界戏剧、音乐、体育行业寻求新鲜玩法，增强入住体验性、互动性。2017 年 3 月 14 日与大热的百老汇戏剧《Sleep No More》合作的 The drama 酒店在上海开业；2018 年 4 月 1 日与网易云音乐合作的"睡音乐"酒店在成都开业；2018 年 7 月 29 日与虎扑合作的亚朵 S·虎扑篮球酒店在上海开业。三大品牌本身拥有的超高粉丝量及受众对他们与亚朵结合奇妙反应的期待，使得这三家酒店从筹备到开业都赚足了关注度，分别给戏剧迷、音乐迷和篮球迷三大群体提供主题化服务体验，并借助粉丝社会化媒体自发传播，亚朵的知名度火速提升。

无限延伸，创造体验：在网易严选与亚朵合作的酒店中，陈列着多种出自网易严选的家居、服饰、零食等特色商品，同时房间里的寝具、洗护及家居等大部分用品均选自网易严选，而这家酒店最大的特点就是，可以直接购买你看中的商品，是电商与线下场景消费相结合的新尝试。而超级 QQ 与亚朵合作的酒店则使用 Yogo Robot 机器人和腾讯小 Q 机器人分别在大堂和主题房中服务，在提升住宿趣味性的同时将智能生活的概念传递给更多用户。除此之外，亚朵还与果壳、穷游、日食记等多家品牌尝试轻量化跨界合作，以快闪酒店、主题房间等方式呈现。亚朵每一次的跨界延伸，都在不断为顾客创造独特的消费体验，不断冲击着人们的想象，重新定义着服务与体验。

总之，亚朵酒店用精细化服务、第四空间、跨界打造 IP 酒店等方式不断为顾客创造体验，带来惊喜。

案例讨论

1．请画出亚朵酒店的服务蓝图，并进行说明。
2．请用鱼骨图分析亚朵酒店取得成功的原因是什么。

第二节 滨湖酒店的服务管理问题

滨湖酒店是一家按照五星级滨湖酒店标准投资建设的综合性商务度假酒店。滨湖酒店的服务宗旨是顾客至上，经营理念是有效管理员工从而更好地为顾客提供服务，富有同理心并能设身处地地为顾客着想，这种经营理念渗透在企业日常运营的方方面面。

一、对客服务方面

作为滨湖酒店的核心竞争力之一，服务是发展企业文化的重中之重。相比于新兴酒店，滨湖酒店的服务程序和模式相对比较成熟，主要体现在员工对客服务细节中。

面对激烈的市场竞争，滨湖酒店采取的不是低价竞争的策略，而是设置了宾客代表，与常住客人保持良好联系，关注他们的动向，调查他们的喜好，了解他们的需求，比如客人的饮食习惯、睡眠习惯等等，同时滨湖酒店除了宾客管理系统，服务人员也通过自己的细心服务，在服务过程中去观察宾客的喜好，并将收集到的顾客的特殊习惯和偏好进行存档，以备宾客再次光顾时给予其方便快捷、贴心舒适的服务，在提供标准化的服务的基础之上，给宾客以意料之外的惊喜。

一次，滨湖酒店接待了某位外国高级官员，由酒店的金钥匙为其提供服务。该酒店的金钥匙提早了解了该官员的相关喜好，并对服务进行了调整，用流利的外语向客人介绍了中国的风土人情与历史文化，就客人饮食习惯与酒店餐饮部进行了协商，这些细致入微的服务深深感动了这位来自远方的客人。异国客人在将要离店时，向为他服务的酒店人表达了诚挚的谢意，并表达了再次光顾的意愿，酒店员工深受鼓舞与感动。

滨湖酒店平等待客，富有同理心，时刻从宾客的角度考虑问题。有一次，餐厅主管在确认餐会人员名单时，及时发现了一名客人在来滨湖酒店的途中发生了爆车胎的紧急情况。面对这个突发状况，主管首先是安排好接送客人的酒店车辆，接下来妥善处理了相关问题，为客人节约了时间，避免了耽误客人的重要聚餐。同时，根据实际情况，从为客人节约费用、节省时间的角度出发，经客人的允许，没有叫定点维修单位来修车胎，而是就近叫了一个师傅把车胎修好。聚餐后，客人拿到车钥匙时，一切问题都已经解决了。此后，滨湖酒店多了一位忠实的消费者和拥护者。

滨湖酒店一线员工同样富有同理心，具有提供高标准服务的水准。早间客人退房时服务人员发现茶几上的茶杯少了一只，接待处的收银员很委婉地询问客人，是否放于房间其他地方了。当了解到顾客不小心将水杯摔破了时，收银员并未责怪顾客，反而体贴地关心顾客的安危。这时，顾客觉得不好意思了，连忙主动提及赔偿问题。由此可见，在客人出现过失之后，滨湖酒店的收银员并没有冷冰冰地急着向客人要求赔偿，而是首先表达了对客人的关心，用关怀的语气安慰客人。这让客人感觉饭店很有人情味，不单单为了经济利益，提供的是充满人性化的服务。对滨湖酒店客人尤其是出门在外的旅行、商务客人而言，这种感觉是非常重要的。滨湖酒店还针对其客源主体其中一部分是商务客人这一特征推出了便利服务，为客人提供订票、租车等服务内容，帮客人办理一些上飞机前的手续。

二、员工管理方面

在"客人永远是对的"的酒店文化环境下，上至酒店领导下至一线员工都十分重视酒店的服务氛围。酒店领导制定一系列政策督促鼓励员工贴心服务，并时刻接收员工反馈的特殊服务事件并亲自服务，并且每晚各级领导要开会至凌晨来总结当天服务情况的优劣处。酒店的一线员工在酒店文化和上级领导的要求下，要时时注意观察客人的细微举动，洞察客人的需求，并要满足客人的一切要求，这往往会牺牲员工的休息时间，同时持续不断的考核和会议也让员工略有抱怨。因此，即使是在如此优美的环境中上班、工资也在行业中遥遥领先，但各级领导和员工在持续不停的高强度工作后也会隐隐有不满的情绪。因此，在一个旅游旺季酒店顾客成倍增加的时候，酒店终于出现了问题。

王义是一名三十岁的高级客房主管，平日里的工作有很多，例如负责部门全面管理工作、负责编制本部门的经营工作计划和人员编制情况、维护部门正常工作秩序、做好员工思想工作、主持制订本部门的规章制度等，确保为客人提供优质高效的住宿服务。随着旅游旺季期间住店旅客的逐渐增多，工作也逐渐增多，麻烦事也有不少。除基本的工作例如安全设施近期要更新保障，检查卫生质量和服务质量，为一些员工制订培训计划，调动员工工作积极性，还要处理无法避免的客人投诉事件及意外事件，在领导的点名批评后，更要额外完成领导交办的其他工作任务，王义的工作压力更大了。

除了工作压力外，王义家庭里的压力也不小。王义在去年结婚，前不久孩子刚刚出生，夫妻二人既惊喜又慌乱地照顾起孩子，家庭的经济压力也逐渐增加。这段旅游旺季让王义待在酒店工作的时间越来越长，能待在家里的时间越来越少，睡眠质量大幅下降。不仅是无法及时得到休息，而且王义也因无法帮助妻子照顾孩子而暗暗惭愧，近期两个人之间都因为过度的疲惫而渐渐不和，却又找不到时间进行交流。

王义由于工作和家庭的双重压力，导致身体状况急剧下降，面色总带着疲惫，反应速度变慢，强撑着自己工作。祸不单行，酒店因为旅游旺季人手不足匆匆招进来的新员工因为工作不熟练，时常在工作中犯些小错误，与别的员工的关系也不太好，上级领导对此认为王义的教导不足，对其工作能力提出质疑，王义正准备的岗位晋升也出现了问题。因为岗位竞争，使得王义与几个下属、同事和上级的关系逐渐遇冷险造成人际冲突。在如此重压下，王义整天考虑辞职，却又更担心家庭的经济支出受到影响。终于，他的情绪渐渐失控，这引起了人力部门的注意。

在一年前，酒店内的高压工作环境使不少员工怨声连连，滨湖公司终于对这种状况重视起来，开始关注员工压力问题，并积极寻找解决方案。在借鉴了同行业的经验后，酒店于外部聘请了具有心理咨询等专业背景的机构提供员工援助计划服务。为了确定"员工幸福计划"年度工作目标与重点，滨湖酒店进行了匿名、保密的"员工幸福调查"，调查内容涵盖身体健康状况、心理幸福状况（如心理幸福感、压力症状、压力来源等）、健康行为习惯（如吸烟、过量饮酒等）。专业心理咨询机构建议，在员工调查结果出来后，主持"员工幸福计划"部门会据此总结前一年度活动项目的效果，并据此有针对性地设计当年应开展的活动项目。去年6月，滨湖酒店举办首届"健康幸福周"，开展一系列活动：心理健康知识宣传、员工和家属的免费咨询服务、服务压力管理项目、每月免费健身88小时、员工餐厅提供更多健康食品等。

人力资源部门注意到了王义的情况后，由专业的心理咨询师与王义进行了交谈。心理咨询师以问题整体解决为导向，将王义近期所面临的诸多问题进行了梳理，与王义进行了四次面谈，王义的心理情况终于有所好转，精神状态良好，工作热情上升。旅游旺季逐渐过去，王义不仅出色完成了工作，岗位晋升也得到了圆满的结果。

"员工幸福计划"实施之后，滨湖酒店员工身体、心理健康得以提升，员工病假率下降，工作压力有所缓解，员工更增强了对组织的认同。而且，"员工幸福计划"使滨湖酒店树立了关怀员工的企业形象，成为了业内关怀员工计划的重点成功案例，也获得了当地政府的嘉奖，更使滨湖酒店在客人心中的形象更突出。

在管理制度方面，滨湖酒店积极承担企业社会责任，并将其视为酒店员工管理的主要部分。滨湖酒店制定相应的规章制度，并在招聘、录用、绩效、劳资关系等方面严格遵守有关规定，不偏袒，不徇私。滨湖酒店采取柔性管理政策，允许下级在制度范围内有一定的工作自主权，同时对上级有一定的建议权和质疑权，比如在滨湖酒店内部设置了经理信箱，下级乃至普通员工都可以向经理表达自己的想法，并就滨湖酒店企业文化建设工作提出建议，从而提高了员工的参与度与自信心，增强了员工对于滨湖酒店的忠诚度。在员工绩效管理与激励方面，滨湖酒店秉承人本管理之道，对工作满年、工作表现优秀、未受过客人投诉的正式员工提供职位晋升和绩效奖励；如果他们已成为滨湖酒店的骨干力量（如酒店营销经理、餐厅主管、餐厅领班、人事专员等），可以提供额外的带薪假期，或者工资之外的福利，如全家游和家庭保险等；而对表现优秀、技能娴熟并拥有相关资格认证或者技能竞赛奖励的非正式员工，可以破格提拔，享受正式员工的待遇。这种激励机制有利于形成良好的企业文化氛围，增加员工和企业之间的情感联系，在一定程度上缓解了员工的负面情绪。

三、小结

尽管滨湖酒店以顾客为中心，但是并没有局限在"将顾客作为上帝"。著名的丽兹卡尔顿酒店提出"我们是绅士和淑女，只为绅士和淑女服务"，与其理念一致，滨湖酒店认为为顾客提供超出满意的细致服务的前提是管理好员工，造就员工对酒店的认同感和依恋感，在平等的基础上为客人提供宾至如归的服务。

总而言之，只有酒店管理员工得当，员工才能在满足服务标准的基础之上提供超出客人期望的服务，并将滨湖酒店企业文化贯穿到员工管理及对客服务中去。通过这样的企业文化，继而引领滨湖酒店成为吸引酒店人才与目标顾客的不二之选，形成良性循环。

案例讨论

1. 请思考滨湖酒店如何通过服务来提高顾客的忠诚度？
2. 滨湖酒店如何把最好的人才集中到酒店并减少其离职率？

第三节 一封投诉信和回复信

一、事件梗概

洛林医生和妻子在酒店餐厅预订了周六的四人晚餐，而在进餐过程中出现了很多不愉快。在洛林医生的抱怨信中，对酒店餐厅的服务质量表达了强烈的不满，这其中包括服务员的工作效率以及服务态度方面出现的问题。而在餐饮部主管皮尔逊先生及时的回信中，首先表达了对洛林医生一家人的理解与感谢，而后阐明了导致此次不愉快经历的原因在于两点：一是当地就业整体环境限制雇员文化水平，二是节假日客流量大导致餐厅出现供不应求的状况。最后，皮尔逊先生表示已对该事件进行了处理，并献上了最诚挚的道歉和欢迎。

二、客人的抱怨信

20××年5月1日

亲爱的皮尔逊先生：

这是我第一次写这样的信，由于我和太太实在无法忍受你们酒店餐厅服务人员的个人素质与服务质量，以致我们不得不以这种方式让你们知道都发生了些什么事。

几天前，我们的好友从美国回来探亲，我和我妻子早早地在你们酒店餐厅预订了星期六的四人晚餐，准备好好地宴请我们的好友，与他们共进一顿美味而愉快的晚餐。一切准备就绪，而结果却出人意料的糟糕。

晚上7点，我和妻子及两位朋友一行四人来到酒店的餐厅就座。时间与我们提前预约的刚刚好，而且这时的餐厅并不是很忙碌，环境也很安静和谐，我们都非常愉快。这个时候，一个服务员向我们走过来，先给我们送来了菜单、酒单、冰水和餐巾，但我们一直坐了20分钟才有鸡尾酒服务员过来问我们喝什么酒。我妻子说要一杯加橄榄的伏特加马爹利，服务员立即回答说，"这款酒没有了，点别的吧"，我的妻子无奈地只好点了别的酒。而轮到我的好友点酒的时候，由于他们并不熟悉这里的特色产品，就向鸡尾酒服务员提出要他推荐一款适合的酒，而服务员却冷冷地回答说，"每个人的口味不同，我也不知道您喜欢喝哪种酒"。这个时候虽然我们都已经感觉到这里的服务人员素质不高，但也并没有觉得太生气，毕竟不想破坏好友从远方来谈天说地的气氛，所以我们只是按部就班地每人点了一杯酒。

随后我们点了主菜。这里不得不提到的是，服务员请我妻子点菜时称呼她为"年轻的女士"，当她布菜时又叫她"亲爱的"。这一点我和妻子都觉得十分不舒服。要知道，我们之所以花了高价钱预订了酒店的餐厅，就是希望可以在一个高雅、舒适的环境里，享受一段美好的进餐时光。如果这里的服务员和街边大排档的服务员素质是一样的，我们不知道昂贵的服务费都花在了哪里。

晚上8点钟，餐厅的人陆续多了起来，这个时候我们点的菜还没有上，于是我们催促至少尽快将沙拉端上来，并要求服务员为我们拿些餐巾纸。她问道谁要餐巾纸，然后让我们一桌人挨个回答要或不要，这样她可以准确知道要送多少餐巾纸来。我们花了昂贵的费用在这家餐厅，却连要餐巾纸都像贼一样被盯着，换作是你会有什么感觉呢？然后，大概在8点半的时候，我们的主菜终于端了上来，这时距我们进入餐厅已经一个半小时了。这时候我们就餐的心情已经被严重地破坏了，完全没有兴致在这里畅聊。

公道地讲，这里的菜还是不错的，餐厅的灯光明暗适度，就餐气氛也很愉快。但即使这样，整个晚餐过程简直是个大灾难，我们一行四人被这顿晚餐搞得十分烦躁。你们的雇员没有受过良好的训练，甚至没有最起码的礼貌和风度，这点令我震惊与震怒。堂堂五星级大酒店西餐厅的服务质量竟然如此差，这些与你们试图营造的气氛和你们的餐厅的收费格格不入，简直是欺骗消费者的行为。

我们很难再去你们餐厅了，请相信，我会把我们的经历告诉我们的家人、朋友和商业伙伴，不让他们遭受我们遭受的灾难。

忠诚的

威廉·洛林医生

三、餐厅主管的回信

××酒店西餐厅

北京市朝阳区××酒店

20××年5月3日

亲爱的洛林医生：

对于我们餐厅里发生的这种不愉快事件我感到非常苦恼，我也十分能理解您的感受，同时我们对您在我们酒店用餐的不愉快经历表示深深的歉意。您能花费时间和精力将我们餐厅最近的情况反映给我们，我们非常感谢。与此同时，请允许我们向您简单介绍一下我们餐厅的一些情况。

近几年来，我们酒店服务人员的情况日益严峻。这是因为在我们这个地区，酒店密度大、与酒店业相关的服务人员需求量大、酒店内餐厅服务员流动速度快，导致了服务人员供不应求的状况。而在今年这种情况尤为严重，服务人员招收难的问题已经扩大到极度危险的地步。为了防止问题进一步扩大，在这一季初，我们未雨绸缪，尝试多招收一些兼职和实习生来确保服务人员的数量，而我们没有料到的是，我们保证了员工的数量，却在员工的服务质量方面出现了问题。对此，我们再次表示歉意。由于兼职员工与实习生年纪尚轻、经验不足，再加上没有经过长时间的培训以及与正式非正式员工之间配合的不当，使得我们餐厅的服务质量下降。我们很遗憾，在这种服务人员求大于供的严峻情况下，我们无法去选择我们真正所需要的人，而且，在这种情况下，员工的培训也是一笔不菲的支出，而更严重的是，极高的员工离职率和员工流动率使得培训变得难上加难，根本无法进行。

无独有偶，您光临我们餐厅的那一天，正是5月1日，适逢劳动节。劳动节的晚上，历来是我们餐厅一年中最繁忙的晚上之一。虽然您在用餐时餐厅还有不少空位，但毫不夸张地讲，那天晚上我们接待了至少100名顾客。可是，当天服务员们却并没有将这个情况及时反映给我们，如果他们将这个信息及时反馈上来，我们会控制预订的顾客数量，在此基础上，保证我们的服务质量，进而最大限度地降低损害。而我们却没有做到这一点，我承认我们的不足，并且会在这方面加强关注。

向您提供低于我们正常服务水准的服务的有关人员我们已经将其解雇，并且永不录用。通过这次的事件，我也反思了很多。在这里我可以向您保证，我们一定会大力加强对新人的培训，杜绝这类不愉快事件的再次发生；而至于您提到的价格问题，诚实地说，如果您愿意比较一下，您就会发现，我们的价格与大多数城市人们常去的地区、同样烹饪水平和气氛的餐厅相比，仅仅是它们的一半，绝对是物美价廉。我们之所以如此设定我们的价格是为了同本地区其他酒店竞争，虽然本地区大多数酒店的餐厅提供的食物和气氛不可与我们相较，当然它们在价格上也无法超越我们。

请您相信，对于您那一晚上的不愉快经历我感同身受，不仅仅您无法接受，如此严重低于正常水平的服务在我们这里也绝对是零容忍的。我们也会尽最大努力防止此类事情的再次发生。但客观地讲，我们必须承认的一点是，即使最好的餐厅也会出现失误，希望您能够体谅一点儿。但请相信我这样说，并不表示我们对于这样的服务问题不重视。

希望我的回信能消除一些您的不满意或不愉快，请您接受我们餐厅对您及您朋友所遭受的不愉快的诚挚的道歉。如果有幸您能再给我们一次机会，再次光临我们的餐厅，这将是我们的荣幸。相信我，我们不会再次失误，一定会为您提供真正属于我们餐厅的服务，让您在此享受到快乐满意的用餐过程。

忠诚的

盖尔·皮尔逊

案例讨论

1. 试运用服务补救理论分析该酒店对服务投诉的回信是否符合规范。
2. 除了回信外，你认为该酒店还应采取哪些服务补救行动？

第四节　晚餐的风波

一、背景介绍

某国际酒店用品展定于20××年3月在中国南方N城市举办。这一年的3月初，德籍华人胡先生及其同事共五人代表他们公司来到中国参加这个展会。胡先生的公司在此之前已经参加过两次展会了，每次都能签订多笔大额订单，因此公司十分看重这次活动，希望借此机会进一步扩大在中国市场的占有份额。展会从3月17日开始持续3天，胡先生及其妻子入住这座城市有名的N酒店。N酒店是某知名国际酒店品牌管理下的一个国际连锁酒店品牌。在展会开始的前一天，胡先生一行人前往N酒店有名的中餐厅用餐，但就是这顿晚餐，引起了之后一系列的纠纷，成为胡先生等人与酒店发生矛盾的导火索。

二、主要人物介绍

胡先生：德国某酒店用品公司中国市场总负责人，43岁。N酒店国际俱乐部的会员，已在该酒店住过十余次。

克里斯：N酒店餐饮部总监，英国海归，35岁。在N酒店入职3年，兢兢业业、作风正派，已处理好多次餐饮部纠纷，深受部门经理赏识。

韩医师：N酒店人力资源部下属员工事务部的医师，47岁。在N酒店入职13年，经验丰富，受人尊敬。

三、开端

20××年3月18日早上，坐落于南方某城市的N酒店餐饮部接到了一个严重的投诉：德籍华人胡先生等5人因昨晚来酒店中餐厅用餐而导致低烧和腹泻。餐饮总监克里斯先生向总经理汇报后，立即同酒店医务室韩医师一起赶往××国际大厦1720房间看望胡先生。

克里斯和韩医师到1702房的时候，胡先生和胡太太还在卧床休息。一番寒暄之后，韩医师见夫妇两人脸色和精神都不太好，便问胡先生是什么原因导致身体不舒服的。胡先生反映，他们一行五人从昨夜 11 点至今晨 5 点陆续开始腹泻，并提出怀疑可能是由于昨晚在 N 酒店中餐厅用餐而引起。韩医师跟克里斯商量了一下，一致认为应该安排胡先生等人入院仔细检查。于是，韩医师提出酒店可以为胡先生及胡太太安排身体检查，并建议之后陪同前往医院进一步检查。胡先生似乎有点不太情愿，他声称夫妻俩已经吃过止泻药，去也无用，要先观察一天再决定是否去医院。韩医师觉得有点为难，毕竟之前出现类似情况的时候客人们一般都比较配合接受检查的，但克里斯认为既然胡先生已经吃过药且拒绝了酒店方面提出的检查的建议，那么就应该尊重客人的选择。于是，两人向胡先生夫妇再次表示关切和慰问后，便离开了大厦。

四、发展

出乎意料的是，就在 18 日这个晚上，酒店餐饮部收到了来自胡先生的更激烈的投诉。

胡先生一改早上的平和语调，在电话里就向餐饮总监克里斯大吵。他的态度变得十分强硬，并一直强调这次展会对于他们公司的重要性。克里斯一边在电话里安抚胡先生激动的情绪，一边让助手查关于这次展会的资料：这是一个国际酒店设备用品展，已经举办了多次了，参展企业几乎都是来自全球各地的优质酒店设备用品公司。对于这些公司来说，这个展会是收获大额订单的好机会。这次的展会从 3 月 17 日开始到 3 月 20 日下午 3 点结束，一共三天。"我们的损失你们酒店应该如何负责？"胡先生的怒吼将克里斯的注意力从资料拖回了电话对话上。"胡先生您好，对于您和您公司的遭遇我们深表遗憾，我也知道这次展会对您的公司来说十分重要。但对于您所说的是由于 N 中餐厅食物的问题导致您身体不适这一点，我们不能赞同。因为我们餐饮部有严格的食品采购及烹饪管理流程，百分百保证食品的口感和品质。所以您所说的赔偿要求我们是不能接受的。""可是由于这次食物中毒，我们一行 5 人全部卧床不能参展，给公司造成了巨大损失。"胡先生情绪仍然很激动。"我认为你需要回去与酒店高层商量一下如何解决好这个问题！"说完，胡先生挂掉了电话。

第二天，胡先生去餐厅部找到了克里斯。他似乎已经平静了一些，但态度仍然咄咄逼人。他陈述说，当天，他们一共9人用餐，其中4人是德国人，由于他们没有食用豆腐和海蜇，所以没有发现异常。胡先生夫妇和其他3位同事昨天早餐是在××大厦西餐厅用的，由于忙于装展厅，中午没有用餐，全天喝的都是瓶装饮用水，因此，他们生病的问题肯定就出在N酒店中餐厅。

克里斯回去后，开始了周密的调查。18日晚有110多位客人在中餐厅用餐，其中有多位客人也吃过豆腐和海蜇，但无人提出投诉。17日上午加工的海蜇还有少部分保存在冰箱里，酒店实物检验师取样化验后，证明海蜇完全符合卫生要求。胡先生等一共9名客人用晚餐，其中4位德国人无任何异样，19日仍在展厅工作。

19日下午3点，胡先生电话告知克里斯先生和韩医师，要求N酒店立即派急救车去××国际大厦接他们去医院，韩医师征求胡先生意见后，带5位客人去市级医院就诊。诊断结果是：1人为细菌性痢疾，3人为急性肠炎，1人正常。韩医师负担了全部医药费。胡先生回××国际大厦前，又一次向韩医师提出赔偿问题，并声称要到市消费者协会投诉，还要通过他在这里的法律顾问和N酒店进行法律交涉，甚至可以写文章到德国去发表，不必写明酒店的食品有问题，而是如实地叙述一下从早到晚发生的情况，并把N酒店的名字写进去。到时候，人们就可分析出是哪里出现的问题。

当晚，总经理指示，可以把5位客人请回酒店免费吃住，请他们再次体验酒店特色中餐厅的食物品质。总经理还强调：酒店相信食品质量肯定是没问题的。胡先生推说时间已太晚，明天再谈。

20日上午，在酒店的例会上，总经理、副总经理、克里斯等达成了共识：大家一致认为酒店方面没有问题，不要怕客人起诉。但酒店不愿花费太多精力去做此事，最好寻求一个双方都能接受的方案，尽早了结此事。

20日白天，韩医师没有找到胡先生等5位客人，直至晚上6点才在展览馆找到正在撤展的胡先生等人。韩医师征求胡先生的意见，决定21日晚上7点在酒店大厅酒吧，由副总经理和克里斯与胡先生等人一道商讨最佳解决方案。

五、尾声

21日晚，双方按照约定来到酒店大厅酒吧开始商谈。胡先生讲：他这次来北京参展直接成本为 120 万人民币，因前两天没有参展受到影响，要求酒店方付 40 万人民币作为补偿，并声称这已是最低补偿数额。

克里斯态度真诚地向胡先生说道：第一，此事不能肯定是酒店的食品有问题，N 酒店每天要接待一两千来自各国的客人，18 日当天仅在中餐厅就餐的客人就有 110 多人，其余的客人都没有反映有食品问题。酒店方不能排除当天你们吃过用过其他东西。第二，酒店派人去看望并带你们去医院检查完全是出于对常住客人的关心和帮助。第三，酒店方面不希望，当然也不怕通过法律程序解决此问题，但还是希望最好大家坐下来一起寻求一个妥善的解决办法。关于 40 万元人民币的补偿赔款，酒店肯定是不能接受的。

听完克里斯条理清晰、情真意切的解释，胡先生好像有点理亏，他说话开始有点支支吾吾了。确实，他也无法确定是不是酒店餐厅晚餐的问题。毕竟，除了他们以外，别的客人也吃了同样的食物，但没有出现腹泻现象。

克里斯见胡先生态度稍有缓和，便进一步提出建议：酒店愿意在今后的一段时间里请胡先生来酒店免费吃住 3 次，进一步体验 N 酒店的服务和餐饮质量。"从长远考虑，酒店方面不希望失去一位常客。"克里斯如是说。

案例讨论

1．如果你是餐饮部总监，你将如何处理这起投诉事件？

2．酒店餐饮部是否能避免这类问题的发生？如果能的话，是该通过哪些措施加强餐饮管理？

3．你认为文中的克里斯处理问题的步骤和方法是否妥当？

第五节　餐厅能否经受一系列考验

一、前情简介

A 西餐厅在国外广受欢迎，进入中国市场已有 30 个年头，由于其地道的美式餐厅环境设计与正宗西餐风味积攒下不少的国内消费群。A 餐厅 1138 店是进驻北京市场的第一家店面，位于商业区，毗邻大使馆。可是，由于大使馆逐渐搬迁，加之其他分店的增设，使得1138店的生意逐渐不景气，整体员工工作士气大大降低，营业额下降让店总经理甚是头疼。就在此时，一个旅行社联系上厨房经理，有两拨各120来人国际旅游团在北京游玩期间希望到A餐厅用餐。几个经理听到这个消息既惊喜又担忧。这是一个极好的时机来提升员工干劲儿，也是对于未来一个月的员工绩效考核一个提前演练，但是老一批员工离职，新员工英语并不是很好，不知道能否应付得了，且对于这种包场行为大多数员工从未经历过，而且同时需要服务散桌客人，到底应不应该接下这个活动？几个经理交换着意见。

二、人物介绍

小菲：一个爱吃爱玩更爱工作的大三学生，之前林林总总实习了五六家行业部门，却在A餐厅扎根2年之久，靠谱，碎嘴，爱管闲事，自以为与经理人交情甚好。

老丁：前任经理，工作15年如一日兢兢业业，基本功极其扎实，由于公司领导层大换血，莫名其妙被撸了下来，工作情绪甚是低落，主要负责吧台区域。

小丁：新晋Coach（领班），工作2年，总体工作积极，偶尔懒惰，与员工打成一片。

厨房经理洪哥：领导范儿十足，让人信服。

店总经理劳拉：工作狂，工作狂，工作狂，工作狂……

串场员工：小a、小b、小c、小d……

烦热的午后，员工们百无聊赖地服务着几桌下午茶客人，几近昏昏欲睡。经理组讨论结果是接待外宾旅游团，同时接待散桌客人。当班经理召集员工开会，几个员工悉数到齐后，左顾右盼，不知道等待他们的是一场巨大的挑战。店总经理劳拉清了清嗓子说："大家好！本周六、日两天我们将分别接待120人与106人的外宾旅游团，固定出套餐。请内场员工备齐食材、酱料、盘子等，一会儿洪哥留一下跟你核对一下套餐数量，外场员工在准备区准备需要的餐具与杯子，同时我们还要接待零点客人。所以，本周末的工作很是有挑战，希望大家打起精神，拿出最好的状态准备打一场翻身仗，这是一个极好的机会来证明1138店的实力，也是未来一个月EYS（员工考核系统）的预演，这几天大家有什么建议可以跟Coach小丁和经理组反映。好了，大家加油！散会。"小菲就喜欢热闹，一听有外国人大型团餐，忍不住激动地要与同事分享，她左看看右瞧瞧，同事们一个个目瞪口呆，还来不及对经理说的话作出反应。这时，老丁开口了："这都不是事儿，想当年 100 多人零点餐，那都经历过了，大家散了散了。""有什么问题大家及时来找我们提建议，大家加油。"小丁赶快补充说。人群散去，经理组人员继续讨论着周末的事情……

美好的星期六来了，小菲像往常一样开开心心地去上班。一来到单位，看到桌子已经整齐地拼好了。她换好工作服，赶快加入准备区团队。每桌摆四套餐具，餐巾纸距盘子一指距离，刀叉齐平，一切都是那么有条不紊、井然有序。"4×30=120，加上两个备用桌，一共32桌。"小菲一边布桌，一边默默念着。Coach 小丁此时正带领着其他同事出新杯子，保证不断货。厨房经理与主厨最后一遍核对着牛排与半鸡的数量："牛排备 53 块，半鸡烤出 4 盘准备着，厨师你把酱碟多准备出 50 个，外场一会儿挤番茄酱，每桌配 1 个。"

不知不觉 17 点到了。经理与旅行团联系得知，旅行团已经从天坛上车出发，预计 6 点旅游团到齐。所有的人力物力已经准备好了。时钟指向 17 点 45 分，已经陆陆续续来了 5 桌散客。店总经理耳麦中传来"旅行团到了"的消息，店总经理通知所有部门准备好迎接旅行团。"您好，欢迎光临！"，带着笑容，每个服务员迎接着客人。按照预先的安排，所有人落座，服务人员分成三组，一组负责出菜、传菜，一组负责倒水，另外一组负责询问主菜选择，发放卡片。由于英语沟通较好，小菲负责询问记录客人主菜选择。小菲一边与客人打着招呼，询问旅途情况，一边记录发放着主菜卡，有的客人询问能不能要求三分熟，小菲微笑着一一记下了客人的要求，最终统计出 71 块牛排、35 只半鸡，并及时汇报到经理组，而此时经理组收下记录表继续协调着整体的运转。小菲也加入了传菜组，按照顺序将开胃菜、主菜上到客人桌上。在上菜的时候，小菲发现许多桌上还是空的，客人等得有些着急。通过询问才知道，客人点的牛排还没有上。回到厨房，小菲看到在出菜窗口反倒是半鸡多了许多。小菲赶快与记录出菜数量的厨房经理进行了沟通："经理，刚刚我在外面统计的有 71 个客人主菜选择牛排，而现在外场许多客人的牛排没有上，怎么回事？"厨房经理皱着眉头说："我现在统计的出了 53 块牛排啊，因为按导游预先统计准备了 53 块牛排。"厨房经理发现问题之后及时向店总经理汇报，店总经理找到导游说明情况，才发现现场已经有多一半的客人吃完准备撤场，而等待牛排的客人也稍有些抱怨，找到导游讨说法。

导游和店总经理沟通后，向外方导游及客人及时说道："大家好，请大家坐一下，现在有一个情况需要和大家说明。之前按我们预先统计的餐厅准备了牛排，可是刚刚服务生在询问客人需求时，有人改变了最初的选择，所以现在导致有些团成员还没有等到主菜牛排。刚刚在和餐厅经理沟通时，我们得到的反馈是现在没有牛排了，只能提供半鸡，所以希望还没有用主菜的成员可以改变一下。"说完这话，看到现场有一些客人稍显不悦，但是为了能够赶上全团进度，大部分人选择了妥协，少部分人仍表示要等牛排。导游不得不再次与客人协商。店总经理与经理组及时商讨，决定在保成本的前提下可向客人提供其他种类的价格稍高的牛排，并协定相应加价人均餐费标准。最终与导游商定协调，及时提供主菜。

随着厨房餐食铃敲响，服务员小菲跑去端起主菜，仍然微笑着送上牛排，并祝客人用餐愉快。时钟已经指向21点，陆陆续续客人准备离席，几位客人特意找到服务员们，对其辛勤的工作表示肯定以及由衷的感谢。全部客人撤席之后，服务员分成3组，收垃圾、杯子，重新摆桌，同时照顾其他零点客人。

所有工作完成时已经22点整，服务员也到了下班时间，之前的"混乱"已经重归了平静，一切井然有序继续进行着。

第二天，准备迎来第二批旅行团员。经理总结昨天的工作，与员工交换了每个部门遇见的问题与解决建议。所有服务员微笑着表示已准备好，各部门信心十足地等待客人的到来。18点第二批旅行团准时到达。按照预先安排，一切井然有序运行，各部门配合得不错。用餐快结束时，随团导游对全场客人进行讲话，现场所有客人用掌声表示对1138店的感谢。此时所有工作人员露出会心的微笑。旅行团离开后，现场重归正常营业状态，此时小菲拿起菜单微笑着迎接新一桌客人⋯⋯

案例讨论

1．在第一天，酒店上下级沟通中遇到什么问题？怎么解决？
2．如果客人的不悦升级为投诉应该怎么解决？
3．1138店是否应该转型？接待旅行团为日后的主要业务，有什么优势与劣势？你给出的未来发展建议是什么？

第六节　丢失的项链和戒指

一天中午，送走了酒店业主方的一批 VIP 后，北京某高级度假区前厅部经理戴安娜（Diana）好不容易松了一口气，暗自庆幸这次接待工作还算圆满。看看时间，中午 12 点半了，是用餐的时间了。

Diana 打好饭菜，刚吃了两三口饭，这时，手机忽然响起，来电显示是客房部经理艾利斯（Alice）。Diana 接了电话，只听 Alice 火急火燎地问："你在哪？"

Diana 心想肯定有事，说："我刚过来吃饭，你吃过午饭了？"

Alice 没好气地："我还没吃呢！你赶紧来楼层这处理一下吧，×××房的客人丢东西了！要赔偿几万块！"

Diana 吓了一跳："怎么回事！这么严重啊！行，我现在就过去！"说完丢下饭菜，即刻赶去楼层。

Diana 和 Alice 一起共事多年，工作上相互照应。

这时，Alice 正和助理、领班及服务员在楼层工作间忐忑不安地等待着，他们想着：Diana 的到来，能让事情发生转变吗？

到底发生了什么？后事又是如何呢？Alice 把事情的经过描述了一遍：

上午 10 点左右，服务员敲门询问是否需要打扫卫生，客人同意，然后客人就到餐厅吃早餐；10 点 20 分左右，服务员打扫好卫生离开房间。

11 点 30 分左右，酒店服务中心接到该客人电话，称自己的项链和戒指在房间内丢失了，价值万元左右。

Alice 接到报告后立即与助理、领班和服务员到房间了解情况。

客人说，他妻子把她的一条钻石项链和钻石戒指塞在擦鞋袋里面，擦鞋袋就放在电视桌电视机旁边；出去吃早餐前还看见擦鞋袋，回来收拾行李准备退房时，发现擦鞋袋不见了，项链和戒指也都不翼而飞了。

Alice 询问当时打扫房间的服务员，服务员承认自己在打扫时看到擦鞋袋是在电视机旁边，但他看见擦鞋袋有一些脏痕，认为客人已经使用过了，就将其扔进了垃圾桶，补充了一个干净的擦鞋袋，并把垃圾桶里的袋子收出扔进了工作车上的楼层大垃圾袋；而擦鞋袋里有没有什么东西，他当时没有在意。

Alice 要求该服务员把大垃圾袋翻找一遍，得知 11 点时垃圾袋已经送往垃圾房；Alice 再去垃圾房找，里面的垃圾袋没有几个，环卫公司垃圾车刚刚已经来过，把原先的垃圾袋都运走了；Alice 抱着一丝希望，让几个人把还没运走的垃圾袋里里外外翻了个够，仍然毫无收获。

Alice 于是联系环卫公司，大概说明了事情的经过，请求帮忙查找来运送垃圾的车辆；环卫公司答复说因为去酒店是最后一趟车，现在垃圾车已经全部回到垃圾场，垃圾已经处理完毕，已经无法在大垃圾场里找到所谓的垃圾袋了。

Alice 彻底泄了气。然而责怪助理、领班和服务生也无济于事，客人还在等待结果。于是他们商量，大家一起凑钱赔偿。Alice 到房间向客人道歉，承认工作的疏漏，并告知查找无果，然后协商赔偿的价钱。但客人对价钱丝毫没有让步，于是酒店方面决定：部门出 10 000 元，经理出 10 000 元，助理、领班各出剩下的一部分，服务生在试用期，责任减轻，出零头。

听了整个事情的经过后，Diana 问："有没有报告给保安部？"

Alice 回答还没有，事情紧急，还没来得及去保安部报告。

Diana 又询问有没有报告给总经理这件事。Alice 当时是总经理亲自引荐过来的，虽然工作业绩卓越，但作风十分强硬，一度导致老员工集体反抗，联名投诉到总经理那里。总经理只好亲自出面处理，自掏腰包请客房部员工吃饭，并保证一定和 Alice 谈改变工作方法的意见，并承诺员工如果 Alice 日后工作上有什么不对的地方，可以直接向他反映。而现在 Alice 的部门出现了这种问题，她没有直接把这样的事情报告给总经理，大概是担心总经理为难吧。

如果 Alice 赔钱之前不给 Diana 打电话，那么客房部这次就要以自行赔偿收场了。还好 Alice 想到了这位沉稳干练的前厅部经理，于是事情山重水复疑无路，柳暗花明又一村。

Diana 考虑了一下，决定亲自出马，解决这次的问题。

Diana 查问前台客人登记信息，了解该房客来自上海，上门散客，只在此入住一晚，今日预离；登记表上"有无贵重物品需要保管"一栏，客人并未提出特别要求，所以 Diana 立即要求前台补上"无"字。

Diana 通知保安部经理关于该房发生的事情，调出监控录像，确认服务员上午打扫完卫生后离开房间到客人用早餐回来期间，没有其他人员进出此房间，也没有任何偷窃现象。

Diana 与保安部经理一起到房间，向客人表示抱歉和理解，并告知客人酒店高层已经接到报告，总经理非常重视并委托她来处理此事。

Diana 请客人把事情经过再大致描述一遍之后，有一个问题引起了 Diana

注意,就是客人原先报客房部时称丢失项链和戒指各一个,而这时又增加了一个手镯和一枚戒指,金额又增加了 5000 元,理由是开始漏说了;于是 Diana 请客人写了一份报案书,说这样便于酒店备案调查。

Diana 让保安部经理留在房间,然后立即返回楼层工作间,请 Alice 让服务中心写书面报告,重点要写出客人当时说的贵重物品数量和金额:项链和戒指各一个,价值 30 000 元。

Diana 回到房间,询问客人是否有购买上述贵重物品的原始发票,客人称没有,但可以回去补开;Diana 又询问客人房间内有保险箱,可供免费使用,为什么没有把贵重物品存放进去呢?客人说本想放在擦鞋袋里晚上压在枕头下面睡觉,感觉更安心;早上起来出去本来要随身携带的,后来又想等到退房时再戴上,就随手放在了电视桌上。

客人写好报案书,Diana 看后告知客人可能需要时间——预计 30 分钟进行调查,请客人先到西餐厅用午餐,房间可以延迟退房,有结果会马上通知。客人说现在不饿,就留在房间等待结果。

离开房间后,Diana 的意见是:

(1)前台接待处摆放着公安机关的告示牌:贵重物品请交由酒店保管,接待员登记时已告知过客人,房间服务指南里面也有此项声明,那么酒店就已经尽了告知义务,而且房间内提供了相应的服务设施,但客人依然没有按照要求把贵重物品存放在房间内的保险箱或前台的保险柜里。因此,酒店无法断定其贵重物品带进房间的真实性,也无法对物品的丢失负全部责任。

(2)客人开始报称丢失的物品、物品的价值与后来写报案书上的物品和价值不一致,这种前后矛盾的说法,致使酒店对其物品丢失的真实性产生合理的怀疑。

(3)至于赔偿,客人没有原始购物发票,缺乏确定赔偿金额的依据,客人口头要求赔偿的数目,酒店难以支持。

(4)如果客人把贵重物品放进擦鞋袋,并在出门前告诉了来打扫卫生的服务员但依然发生了这件事情,是属于服务员的人为错误,客人则有理由要求酒店进行赔偿;但客人并没有将擦鞋袋装有贵重物品一事告诉服务员,而服务员在打扫卫生时发现擦鞋袋是使用过的,理应当作垃圾处理并更换新的,而且如果擦鞋袋里有客人所说的那么多物品,应该不会察觉不到的。

综上所述,Diana 认为,可以拒绝客人的赔偿要求,只向客人表示礼节性的歉意，因服务员工作确实有一定的失误，可以经过酒店批准后免其房费。保安部经理予以认可，于是，由 Alice 向总经理汇报了整个过程，总经理同意上述处理意见，并指示由 Diana 回复客人处理结果，注意方式和态度。同时要求保安部经理联系派出所说明情况，以获得报警的主动权。

Diana 回到客人房间，感谢客人入住酒店，并对发生不愉快的事情表示歉意，然后告知酒店的处理结果。然而，果然不出所料，客人不接受这个结果，并自行打 110 报警。

20 分钟后，派出所干警来到酒店，通过侦查、录口供、查登记表后，最后得出结论：酒店存在一定过失，但无过错；派出所居中协调，酒店可以保留其处理意见；客人如果仍不接受，可以走法律途径。

案例讨论

1．客房部有没有必要自行按照客人口头所提的金额赔偿？

2．Alice 和 Diana 的处理方式有何不同？

3．前厅部的参与致使客房部取消了自行赔偿的打算，且处理意见也经过总经理的认可，但导致了可能永远失去这个客人以及面对负面宣传的后果。你认为这种处理方法是否合适？还有更好的解决方法吗？

第七节　我究竟错在哪里

一、对王经理的"不满"

小赵大学毕业后就进入某五星级酒店前台工作。工作两年来，小赵一直勤勤恳恳，表现优秀，并且和同事之间相处也很融洽，因此很快晋升为领班。他感觉从整体上自己是很喜欢这个酒店氛围的，但是只有一点他特别得不满意，那就是大堂经理。王经理基本上一点都不给员工授权，这让员工们感觉领导对他们缺乏信任，在酒店中没有一点地位。

王经理在平时工作中要求前台员工在做任何决策时都需要向他请示，尤其是处理客人的投诉。他认为这样做能够保证工作的顺利进行，减少因为员工的自主决策所造成的麻烦以及给酒店带来损失。他把请示上级这一条作为员工日常工作必须遵守的一项准则，一旦违反，就要受到惩罚。有一次，前台小丽在给一对八十岁外国夫妇办理入住手续时，发现他们是专门来此过生日的，被他们所感动，小丽决定给两位老人一个折扣作为对他们生日的祝福。事实上，这个折扣是在酒店所允许的范围内的。但事后，王经理知道了这件事后严厉地批评了小丽，认为小丽不应该在没有请示他的情况下就擅自作出决定，并且以此为例再次向其他员工强调以后不准再出现这种越权行为。从此以后，大家在工作时更加小心翼翼，更加没有工作的积极性，并且在私下对王经理有诸多的抱怨。同时更为严重的是，由于每次在对客服务中出现问题，都必须去请示王经理，导致员工的工作效率非常低，这经常让一些客人很不满意。对于这种情况小赵也曾经有几次试着去建议王经理可以尝试授权给员工来提高工作效率，但都被王经理否决了。小赵想如果他以后是上级领导的话，一定要改变现在的管理模式，给员工较多的授权，让他们充分感受到被信任。

二、小赵上任后的"改革"

几个月后，王经理突然被酒店总部调配，于是小赵的机会便来了。由于小赵平时优异的工作表现加上王经理的推荐，小赵很快就当选为新的大堂经理。刚上任的小赵很兴奋，他认为自己上任之后的第一个要做的就是对员工进行授权，给他们留有一定的发挥空间，从而提高员工的工作积极性和工作效率。因此，小赵迅速召开了一次员工会议。在会上，他向员工表示，在前台处理客人的投诉及其他需要满足客人需求的方面，只要不触及酒店利益都会给予他们同样的授权，鼓励他们独当一面，尝试解决问题。他的这次会议鼓舞了在场的很多员工，并且由于小赵在上任前的人际关系就很好，迅速赢得了员工们的支持。

于是在小赵上任后的第一个月中，员工们的士气明显提高，工作热情也大大提升，客人的投诉也明显下降，并且员工们对于这位新领导也充满敬意。与此同时，因为近一个月的营业额增加，在部门会议上，小赵所在的前厅部也受到表扬。这再次让小赵相信自己的决策是正确的，他对自己未来的管理感到信心百倍。

三、"混乱"开始层出不穷

然而，小赵的喜悦并没有持续太久，他的信心也逐渐地瓦解了。原来，在接下来的两个月间，由于前厅部的员工在对客服务时过度利用权力，给客人打折、优惠等，引起一些客人相互之间的不满。同时，财务部也指出小赵的前台近期在房价方面大量使用内部价、优惠等，有违酒店的策略。

于是，小赵回去之后批评员工不应该过度利用职权给客人打折优惠，以避免引起其他客人的不满情绪。同时，为了杜绝这种事情再次发生，他规定过度授权的员工将会扣除一部分薪水作为惩罚。事实上，小赵没有想到他的这几句批评引起了员工们私下里对他极大的不满。此后，每次他在前厅巡视时，员工不再像以前那样热情地打招呼，同时一些员工也会私下悄悄说一些他的坏话，这让小赵百思不得其解，也很苦恼。然而，更令他头疼的是，前台的客人投诉仍然没有停止。这些天，他一边处理越来越多的投诉，一边想着尽快找到解决办法，但想来想去都始终无果。

这天早晨，刚跨进办公室的小赵就被告知前台有客人在破口大骂，难以安抚。原来，由于几天前前台一名员工为了赢得回头客，在给一名张姓客人办理入住时打了七五折。这位张姓客人和今天入住的这位VIP客人是同事，VIP客人从张姓客人那里听说了这件事。今天这位VIP客人在办理入住时前台依然按照会员价打了八折，于是这位客人立即火冒三丈。他不明白为什么同是客人，并且自己还是VIP却受到如此待遇。对于酒店这种随意定价的制度他感到极为不满，一定要讨一个说法。面对这样的事情，小赵再一次感到很头疼，因为类似的事情已经不是第一次发生了。小赵尝试着像前几次一样以低折扣去说服这样的客人，但是却丝毫没有用处，客人一直闹着要见总经理，一定要投诉。面对这样的情况，小赵显得无可奈何，他生气地责问是哪位员工服务的张姓客人，但前台的员工却个个默不作声，他们的眼中写满了不屑与嘲讽。客人还在大声地吵闹着，然而，此时小赵感到的不仅仅是无奈，更多的是来自他人的嘲笑与冷漠，没有人能够理解他此时的心情。最终总经理凯文亲自出面，向客人赔礼道歉，并且做了一系列的补偿，这才结束了这场纠纷。

此时的小赵呆呆地站立在那里，他的大脑极为混乱。愤怒、委屈、苦恼，一系列莫名的情感随着连日来的疲倦一齐涌过来。他不知道自己错在哪里了，为什么员工嘲笑他，顾客埋怨他，甚至领导也责备他？明明自己的初衷是为了激励员工，提高工作效率，让他们有归属感，到最后为什么自己却成了罪人？他仍然百思不得其解。这时，经理助理过来告知他总经理让他过去一趟，于是小赵迈着沉重的步伐向总经理办公室走去。

四、与总经理的谈话

小赵进来的时候，总经理凯文正在查阅前厅部这几个月以来的运营状况以及客户投诉档案。凯文让小赵先坐下来，叙述一下他在上任以来所发生的事情。于是小赵慢慢地讲述了他这几个月的经历，他授权的初衷，以及中间所发生的变故。在最后，小赵沮丧地说："我真的不知道自己错在哪里呀，明明我已经很努力了。"

这时，凯文缓缓地开口："你能够发现以前的管理中存在的问题并且尝试改进，这一点我很欣赏。我赞同你用授权来激励员工，这也是我们酒店业必不可少的激励手段。但是你授权的方式需要有所改进。授权是一门复杂的技巧，一旦掌握不好，就会带来一系列麻烦。比如，因为你的过度授权，才导致了顾客投诉甚至员工也抱怨的局面，这在一定程度上影响了服务质量。真正的授权应该是有效的，既能激励员工又能提高服务质量。"

小赵充满疑惑地说："那我应该怎么做才能保证授权是有效的呢？"

凯文接着说："总体来说，需要遵循三点。首先，应该重视培训。在授权时，员工可能会担心自己对于新的权力执行不好。这时你可以通过培训来增强员工的服务技能，保证他们的权力能在工作中应用自如，减少员工由于生疏所造成的错误。你只是给员工授予了权力，却没有教他们正确运用，就必然会导致混乱不堪的局面。

其次，应当设立相应的奖惩措施。在授权中，需要及时对员工的工作进行肯定或批评。一方面可以提升员工的自豪感，另一方面也可以减少酒店的损失。

最后，非常重要的一点是要对员工进行监督指导。仅仅有授权而不实施控制会招致许多麻烦，最可能出现的问题是下属滥用所获得的权限，这也是导致你的工作出现错误的一个重要原因。通过对员工工作的进展进行监督指导，你才能保证权力的有效发挥并且降低员工犯错的概率。而因为你前期的疏忽，才导致了员工一错再错，造成今天的这个局面。我希望你能回去好好反思一下，下一步应该怎么做。"

总经理的一席话，让小赵突然领悟，原来在授权过程中自己忽略了这么多地方，确实应当好好检讨一下自己。但他相信经过这件事，未来他一定不会再犯这样的错误了，因为他现在已经想出解决办法了。

案例讨论

1．以前的王经理的管理和小赵现在的管理都存在问题吗？问题在哪里？
2．你认为在与总经理谈话之后，小赵下一步会如何做来改变目前的局面？
3．你认为酒店在授权过程中应该注意哪些事项？

第八节　一个餐厅，两个经理

蓝色港湾商业区是一个充满了灿烂阳光、幽静湖水、优雅建筑、浪漫小径的购物公园。在这样一个环境优美的欧式商业小镇之中，有着一家名为××的餐厅。

某一天，一位青涩的大一女学生可可走进了这家餐厅，她很喜欢这家餐厅的恬静与悠然的感觉。恰巧，她看到了该餐厅的招聘信息，所以，可可决定在这家餐厅兼职。她找到了餐厅的前台服务生询问招聘事宜，服务生带着可可走进餐厅经理办公室。出现在可可眼前的是一位面带笑容、举止优雅的绅士，这位绅士就是该餐厅的经理。他热情地接待了可可，询问了可可一些基本的信息。第二天可可就接到了经理的电话：明天带着资料来上班吧。就这样可可开始了她人生的第一份工作。

上班第一天，可可像其他服务员一样找到经理为自己准备好的卡片打卡开工。不知道该干什么的可可学着其他员工的样子做了起来，第一次做这些事儿的可可显得十分笨拙。没多久经理出来了，可可心想经理是不是来视察的，本来因为不熟悉流程而显得笨拙的可可，因为经理的到来更加紧张，连最基本的工作做起来都有些慌乱。经理看到手忙脚乱的可可，向可可走来。这时可可慌了，心想："这可怎么办，上班第一天就被经理骂，我以后还怎么做下去，不行，镇定，我得好好做。"可可越是想镇静下来好好做，她的手就越是不那么配合。经理看着可可的囧样，笑笑说："没事，不要紧张，你们这些小孩啊，我懂，这些事都是第一次嘛，做多啦就熟练啦，你看你可以这样来。"接下来经理向可可演示了一遍，还告诉了可可一些经验，怎么样可以更顺手，怎么样才会做得更好。可可对经理肃然起敬：经理居然可以对这些事情如此熟悉，还说得头头是道。可可也开始喜欢上经理，并且在心里暗暗下定决心：就算为了经理也一定要把工作做得漂漂亮亮的。

忙碌了一上午，可可的肚子早就开始抗议了，闻到了饭的香味更是叫得厉害。终于开饭了，大家围坐一团开心地吃起来，有说有笑。不一会儿经理出来说道："今天中午的伙食不错吧，可可吃的怎么样啊？"可可笑着说好吃，大家也附和道，不一会经理也加入了员工们的闲谈。

吃完午饭，又开始了忙碌的工作。到了晚上的时候，天忽然变得阴沉，刮起了大风，也许是天气的原因，餐厅的客人寥寥无几，无事可做的可可站在窗前，想象着一会儿下班后自己独自回家的情景，不禁哀叹了几声。当她回过神来，准备回去随便找点事做应付应付经理，一转身却发现经理已经站在她的身边，可可吓了一跳，小声地叫了声经理，心想：完蛋了，被抓啦，看来只有挨批了。但是出人意料的是，经理和蔼地对可可说："想什么呢？"可可没敢说自己想着回家呢，就答道："哦，没什么，就是看看有没有下雨。"经理接着说道："可以下班啦，去收拾收拾回家吧。"可可惊讶地看了看表，还有20分钟呢，这是要开了我的节奏吗。"愣什么愣，今天没什么人可以早点下班啦。"可可带着忐忑的心情离开了餐厅。

第二天，可可一大早就来到餐厅，担心自己由于昨天提早离开的缘故而使其他员工产生不满的情绪，所以她在和一个员工聊天的时候试探性地问了一句："昨天经理让我先走了，没给你们添麻烦吧。"结果那个员工和气地说："噢，没事，经理知道你家比较远，而且天气又不是很好，你一个小女生晚上太晚回去会不安全，这没什么大事，我们都理解，经理人很好的，平时都很照顾我们的，也是因为这样我才在这待了好几年。"

过了一阵子，经理把可可调到了礼仪迎宾的职位，腼腆的可可笑容甜美，能带给人们愉快的感觉，可可也很喜欢这个工作。可可现在的工作就是每天为顾客开门，面带微笑地向顾客说一声欢迎光临。虽然工作很简单，但看着客人们微笑着说着谢谢，偶尔还能听到客人夸奖一声这服务真好，可可觉得很开心，因为她带给了顾客一个好的心情，同时也为餐厅作出了自己力所能及的贡献。

然而，好景不长，经理被调走啦，换来了一个新的经理。俗话说，新官上任三把火。新的经理一来就给了员工们一个下马威：不仅经常开会，还给员工们制定了一些严格的规范。第一天，新经理就给可可一个任务——在餐厅找顾客填写调查问卷。可可鼓起勇气去询问第一位顾客，但可可的勇气并没有得到回报，客人冷冷地说了句没时间，这让可可很受挫。正当可可犹豫着怎么去问下一位客人的时候，一个员工走过来说：我来吧，以前经理老让我干这个。可可这下可放心啦。没一会儿经理出来了，看到可可在那笨拙地收桌子（可可干这活没几天就调到了接待，所以还不是非常得熟练），走过来小声训斥道："怎么连这个都干不好啊，你什么时候来的？我不是让你做问卷调查吗？你怎么跑这来啦，你和那个现在做调查问卷的员工都跟我来一下。"结果可可和那位帮她的同事都被训斥了一顿。好不容易撑到了中午吃饭，但现在的吃饭环境再也不像以前那样轻松融洽，谈笑风生。大家只是一股脑地吃饭，仿佛吃饭是例行公事一般。可可感觉这吃饭还不如工作的时候好过。可可隐约感觉到自己可能不会待太长时间。

在之后的工作中，可可干得一点都不开心。有一天，工作了一天的可可已经很累啦，但就是恰恰这个时候，可可接到了家里来的电话，奶奶突然病了住进了医院，让可可工作完之后直接去医院就不要回家了。可可放心不下奶奶，因为奶奶属于那种很少得病身体比较健康的，这次突然病倒住进医院绝对不是小病，虽然家里人说到病情不是很严重让可可放心，可是可可知道这只是家里人为了让她安心工作，不要担心奶奶那边的情况。于是，可可就想跟经理请示一下，看她是不是可以提前走，客人也不多而且也就剩15分钟下班了。她找到经理说明家里的情况，请示经理自己是否可以提前离开去医院看望奶奶。然而，经理的回答却给了可可当头一棒。经理说道："现在还不是下班的时间，还有15分钟，你现在要是走的话就只能算早退，要扣工资的，况且你家里那边也说了你奶奶的情况不是很严重，你就再坚持15分钟到下班时间再去也没什么区别。"可可感到气愤与无奈，但是她也没有任何办法。下班后，当可可走在去医院的路上，她决定第二天就辞职，因为她觉得自从换了这个新的经理之后，一切的工作都非常地不顺心，再加之这次的事情更让可可感到气愤，觉得这个新的经理一点都不通情达理，所以她去意已定。第二天，可可就交出了自己的辞职申请。

案例讨论
1．两个经理的管理方法有什么可取和不可取之处？
2．读完上述案例，你觉得应该如何管理新员工？

第九节　如何让 AB 酒店员工工作流程落地

一、引子

正值"3·15"之际，B 城一家 AB 酒店被爆出保洁员用毛巾擦马桶、浴巾当拖把的"卫生门"事件，将经济型连锁酒店的隐患揭露出来。

3 月 31 日，记者小张预订了一间位于 B 城的 AB 酒店。由于酒店的电梯损坏，只能走楼梯。记者的房间在三楼，经过二楼时听到一房间内传来"噼啪"的响声，循声过去，原来是一名保洁人员正在打扫卫生间。小张看到，地面上满是水渍，保洁员用一块白色的浴巾裹着防滑地垫，使劲往地上摔两下，然后用浴巾擦拭地垫上的水渍后就放回原处，整个过程都未见她使用任何消毒用品。第二天早上 9 点，记者称准备退房，保洁人员推着清洁车过来打扫。这辆车约有半人高，虽然不大但上面摆着大小不一的分类盒，有的放洗脸巾，有的放浴巾，有的放拖鞋等。清洁物品也依次摆放，连擦洗的抹布都具体到哪些是擦卧室，哪些是擦卫生间的。不过在打扫时，这些东西大多便成了摆设。保洁员将桌子上的垃圾扔进垃圾箱后，就拿出一块看上去脏兮兮的抹布，直接扔到桌上，简单擦了一下后并没有将抹布拿回车上，转身就到卫生间打扫。只见她从车上拿出一条白色的浴巾，如之前的那位保洁员一样，将地垫裹起来摔打再拍了拍就算清洁干净了。接着她又拿出刷子刷马桶，其间既没戴手套，也没使用消毒剂。当着记者的面，刷完马桶后，紧接着这位保洁阿姨就用手中的马桶刷直接清洁洗脸池，然后打开水龙头，在洗脸池里清洗了抹布和刷子。清洁完马桶后，见盖子上有水，保洁员拿了一条浴巾将水渍擦干。

针对此事件，AB 酒店发布一封《关于媒体报道 B 城 X 店问题的声明》称，某报报道了 B 城 X 店违规操作的情况，"AB 酒店集团对此非常重视，立即对该酒店进行了彻查，并对直接责任人和酒店负责人进行了处理。虽然这只是一个个案，但我们立即在全集团内对运营标准进行了重申，并将加强管理，确保营运标准切实执行。"不过，关于保洁员的清洁规范，AB 内部确实存在客房清洁抹布使用标准、杯子清洁消毒标注等规章制度，但 AB 并未回应如何敦促员工遵守该规范。

二、AB 酒店概况

AB 酒店是国内温馨舒适的商旅型品牌，秉承舒适、安全、干净、卫生的服务理念为顾客提供标准化、简捷的酒店住宿服务，使大众商务以及休闲旅行宾客收获温馨、便捷的住宿体验。AB 酒店是国内商务酒店品牌中规模较大的品牌之一，在全国 300 个城市拥有上千家酒店。AB 酒店多年获得"中国金枕头奖""中国最佳经济型连锁酒店品牌"殊荣，曾入选中国品牌 100 强，"诚信、尊重、尽责、进取、合作"是 AB 酒店的企业文化核心组成。

三、事件分析

既然 AB 酒店是如此优秀的品牌酒店，为什么还会爆出"卫生门"事件呢？

酒店专家告诉记者，经济型酒店跑马圈地时切不可忘记，经济型酒店集团必须重点加强对加盟店的管理，总部的技术和管理经验需要更好地"传递"给加盟店，酒店应该有检查、验收的权力和管理程序。他还表示，对全国而言，与星级标准相比，当前经济型酒店只有各个连锁集团的自己的标准，而没有像"星级酒店"那样的统一的国家标准，这可能也是"卫生门""安全门"发生比较严重的原因之一。

如今，AB 酒店"卫生门"事件风波渐息，但是对 AB 酒店来说，这一问题并没有随着社会上声音的减弱而得到解决。工作流程的改变不是一朝一夕就可以完成的，并且将员工工作流程优化纳入日程的酒店也并不多。然而，事件的曝光毕竟直接引起了消费群体对整个酒店的质疑，平复消费者疑虑的最好方式还是从根本上解决这一问题。为此，AB 酒店 CEO 及酒店业相关领导针对"酒店员工工作流程落地"这一话题展开了讨论。会议由 AB 酒店 CEO 李总主持，参会的还有 AB 的兄弟酒店——CD 酒店 CEO 胡总、资深酒店筹建运营专家张先生、mini 栈创始人林总、EF 酒店集团市场营销经理马先生。

主持人李总：这几年来，客房员工打扫房间时用同一块布草清洁地板、面盆、马桶等的事件，不断被媒体曝光，从最初的连锁快捷酒店到前几天的高星级饭店的"床单门""毛巾门"等都存在此类问题，这个问题已经开始给商旅客户造成了困扰。我们作为酒店人，基本上都会和客人解释，布草在清洗过程一定会经过消毒，卫生情况可以保证，但这并不足以解除客人的顾虑。要解决这个问题必须从根本上找原因：首先是酒店的客房主管、领班对员工的要求标准，对员工要求过于严格有可能造成员工反弹，出于这一方面的顾虑，主管的要求自然会松懈，而其他酒店领导为了酒店的短期利益往往刻意忽略这个事情。抱着这样的想法，员工的执行力落地自然就变得异常困难。

张先生：我们不可能因为某个事件就改变整个行业的趋势，这种情况是不可逆的。现在的酒店普遍采用客房清扫计件结算这种方式，这其实是由于缺乏真正的劳动力造成的。

胡总：员工工作方式的源头在管理人身上，是带教他们的师傅和培训他们的老师。员工本身到一家新的工作地点一定不会那么做，一是不会，二是不敢。只有在工作开展一段时间后，找到了这些捷径，并且在有人默许的情况下，他们才会有了上述行为。尽管在培训讲课过程中能严格遵守工作流程，但讲和做是完全不同的。

马先生：从老板（投资人）的角度讲，节约人力成本是关键，怎么节约成本就怎么做。而管理者制定流程，需要结合老板的意图。老板往往并不清楚保证酒店质量下的各个"枝节"，因此在老板要求导向下的流程，很容易有所偏差。导向出了问题，质量和成本的平衡点没找准，这才是关键所在。表面看只是客房流程问题，背后其实是管理问题。此外，当前很多高端酒店，甚至是奢华档次的酒店也都被曝光出现了类似问题，这就说明了很可能是酒店行业的有些普遍性的问题了，这些高端酒店因为长期以来形成的商业逻辑扭曲而造成了并不关注盈利的结果，进而导致了对成本的大幅压缩，包括对人力成本的压缩。所以，从表面上看，光鲜的、高大上的产品和服务背后，其实很多细节都被忽视了。

可见，问题出现的原因是多方面的，无论是酒店业的商业模式和盈利状况、领导层的经营理念，还是员工的有样学样，无论是行业趋势的不得已，还是利益驱使下的偷工减料，毕竟事件已经发生，并且公之于众，解决问题才是平息负面舆论的最好方法。

这个在行业中存在多年的客房清洁难题，有没有解决之法呢？

主持人李总：解决此问题我个人认为只有从根本上解决几点：（1）员工收入不需要以计件来增加收入，每人每天定量，既要完成数量又要保证质量；（2）摆脱客房管理人员与客房清洁人员的从属关系，这样避免客房管理者考虑大家的面子、收入等问题；（3）如果可以，客房清洁人员采用由非酒店的第三方来管理，在合理定价的同时又可以保证酒店品质，同时也可以兼顾酒店的成本；（4）第三方可根据品质要求对客房清洁人员进行工作流程的监控，以保证对酒店方的服务，同时因为第三方的出现，针对那些已养成不良习惯的老客房员工严格把控或淘汰。

现在其实很多客房问题都是可以解决的，但每个酒店人站在自己的角度可能都不会轻易选择改变，因为改变了意味着会出现波动期，大部分人都不希望在自己的管理期内出现这种波动。

张先生：真正的解决方式不是委托给外人，我们要从员工角度考虑他们为什么这么做。员工为了快速得到工资不按照规定的流程进行工作是可以理解的，与其强制员工完成复杂的工作流程，不如站在员工的角度配合员工，让员工真正能快速有效完成工作。所以，解决问题核心要从员工出发，并且也不像我们想象中那么困难。工作流程的制定对酒店来说并不困难，实际操作中难以将流程推行才是令众多酒店头疼的问题。讨论中，酒店人也结合自身所在酒店的实际情况进行了案例分享，或许这些真实的案例能让大家有所收获。

主持人李总：刚刚我提出了四点解决方案，并且已经根据这个方案开展了相应业务。给大家举个例子：100 间房的经济型酒店，月出租率 60%，酒店配备客房服务员 6 人，按照基本工资 2300 元计算，人均计件工资 450 元计算，社保按照公司支付 350 元计算，该酒店月客房服务员预算 (2300+450+350)×6=18 000 元/月，同时公司担负有关合同、社保、员工辞职导致人员配备不齐造成的各种风险，该酒店为解决风险可能性，预计酒店年度客房服务员成本可达 26 000 元 / 月。如果该酒店与第三方合作，便可规避一切风险，根据酒店房间数量和出租率对比，日开房数量 60 间房，13 元 / 间计算，全月开支 13 × 60 × 30=23 400 元。

这种计算方式并没有对领导和业主产生过大成本，但在品质上可以因为各层次监管力度的提升得到改善。

林总：我们是跨界做酒店的，有些操作方式与其他酒店不一样。在酒店客房入口，我们放有客房主管自己亲自做的卫生视频，这就是标准，员工和用户同时监督。在督促员工方面，高薪是王道，还要有合理的计件工资。酒店每间房基本就 12 平方（米），12 间客房，是每个员工上班的包干，部门主管自己打扫的视频，就是每个客房服务员的标准规范。12 个房间，采取奖一罚四的制度，主管查房，符合标准，1 间奖励 1 元，不符合标准，1 间罚 4 元，打扫数量超过 12 间后，1 间计件 8 元，在打扫客房时，巾类用品由主管领班先收走，避免出现以上提到的员工用房内巾类做卫生的情况。

第三方介入协助酒店管理或酒店自身改革，其初衷都是为了能使酒店的工作流程得到落地，改善当前酒店行业的现状。也许这个过程并不容易，但酒店人已经在为之努力，并初见成效。

我们有理由相信，未来的酒店行业会越来越规范，消费者的鞭策只会让我们做得更好。

案例讨论

1．如果你是一个公关部经理，你如何看待 AB 酒店对"卫生门事件"的回应？

2．请分析造成 AB 酒店"卫生门事件"的根源是什么？对于彻底解决酒店业的"卫生门事件"，你有什么好的建议？

参考文献

［1］邓宁等．旅游大数据［M］．北京：旅游教育出版社，2022．

［2］黄昕，张峰．旅游与酒店业大数据应用［M］．北京：清华大学出版社，2022．

［3］王永贵，马双．客户关系管理［M］．北京：清华大学出版社，2021．

［4］王永贵．服务营销［M］．北京：清华大学出版社，2023．

［5］魏卫．酒店管理概论［M］．武汉：华中科技大学出版社，2024．

［6］Scoot, T., Gordon, J. Lead with hospitality: Be human, emotionally connect, serve selflessly［M］．Matt Holt, 2023.

［7］蔡洪胜，郑晓萍，贾晓龙．饭店服务质量管理［M］．北京：清华大学出版社，2013．

［8］陈志学．饭店服务质量管理与案例解析［M］．北京：中国旅游出版社，2006．

［9］崔正．中国酒店产业服务质量与管理文化探索研究［M］．北京：经济科学出版社，2012．

［10］David A．Garvin．What does Product Quality Really Mean?［J］．Sloan Review, 1984, 26（1）: 25-43.

［11］付钢业．现代饭店服务质量管理［M］．广州：广东旅游出版社，2005．

［12］谷慧敏．饭店新型业态：理论与实践［M］．北京：旅游教育出版社，2011．

［13］郭桂玲．经济性酒店服务质量提升对策研究[D]．青岛：中国海洋大学，2013．

［14］韩之俊，许前，钟晓芳．质量管理［M］．北京：科学出版社，2016．

［15］梁玉柱，陶文杰．饭店服务质量管理［M］．上海：上海人民出版社，2010．

［16］刘伟．酒店管理［M］．北京：中国人民大学出版社，2016．

［17］刘名俭，唐静．饭店管理［M］．湖北：华中科技大学，2010．

［18］蒋丁新．饭店管理［M］．北京：高等教育出版社，2010．

［19］马风才．质量管理［M］．北京：机械工业出版社，2010．

［20］秦宇．饭店经营管理案例集［M］．天津：南开大学出版社，2013．

［21］邱萍，李三山．饭店质量管理［M］．北京：科学出版社，2009．

［22］石川馨．质量管理入门［M］．北京：机械工业出版社，2016．

[23] 施伟君. 国际品牌酒店服务质量提升的研究——以 Radisson 品牌酒店为例[D]. 上海：华东师范大学，2011.

[24] 孙晨阳. 饭店质量管理[M]. 北京：旅游教育出版社，2008.

[25] 魏小安，乐志明. 中国饭店发展创新之路[M]. 北京：旅游教育出版社，2011.

[26] 王婧，基于企业核心竞争力的企业创新文化研究[D]. 成都：西华大学，2013.

[27] 王书翠，余杨. 酒店服务质量管理[M]. 北京：中国旅游出版社，2013.

[28] 王文君. 饭店业服务质量影响因素研究[M]. 北京：中国旅游出版社，2012.

[29] 小约翰·金，罗纳德·齐希. 饭店业服务质量[M]. 北京：中国人民大学出版社，2015.

[30] 小比尔·马里奥特，凯蒂·安·布朗. 毫无保留——一句承诺成就万豪传奇[M]. 陈磊，译. 杭州：浙江人民出版社，2016.

[31] 袁亚忠. 酒店服务质量与顾客忠诚——基于消费者行为决策的实证研究[M]. 北京：经济科学出版社，2012.

[32] 伊萨多·夏普. 四季酒店：云端筑梦[M]. 赵何娟，译. 海口：南海出版社，2011.

[33] 张玉玲. 现代酒店服务质量管理[M]. 北京：北京大学出版社，2009.

[34] 郑向敏. 饭店质量管理[M]. 北京：旅游教育出版社，2006.

[35] 詹姆斯·A. 菲茨西蒙斯. 服务管理：运作、战略与信息技术[M]. 北京：机械工业出版社，2010.

[36] 周培，周颖. 乡村旅游企业服务质量理论与实践[M]. 成都：西南交通大学，2016.

[37] 郑向敏. 中国饭店业质量管理发展的回顾[M]// 中国旅游研究回顾与展望. 北京：旅游教育出版社，2011.

[38] 郑向敏，中国古代旅馆小史[M]. 北京：学习出版社，2011.

[39] 周幸叡. 究极之宿——加贺屋的百年感动[M]. 南京：译林出版社，2012.